edition rosetum

…ich habe
die Träume meiner Kindheit
in einem Garten
wiedergefunden

Christine Meile
Hans-G. Meile

Die Deutsche Bibliothek – CIP-Einheitsaufnahme

. . . ich habe die Träume meiner Kindheit in einem Garten wiedergefunden / Texte und Fotografien von Christine Meile.
Zeichn. von Hans-G. Meile- – Augsburg : Hofmann, 1991
ISBN 3-922865-39-9

Lithographie: Graf + Fraunholz Augsburg
Gesamtherstellung: Hofmann-Druck Augsburg GmbH
Gestaltung und Fotos Umschlagseiten: Hans-G. Meile
Zeichnungen: Hans-G. Meile
Gestaltung und Layout: Christine Meile
Fotos: Christine und Hans-G. Meile

Hofmann-Verlag GmbH
Zugspitzstraße 183
D-8900 Augsburg
Telefon 08 21/79 10 22
Telefax 08 21/71 67 55

Ein Dankeschön an alle, die mir bei der Verwirklichung dieses Buches geholfen haben.

Meinem Mann Hans-G. Meile möchte ich an erster Stelle danken. Er war der Initiator, ein besonderes Buch zu schaffen, an dem viele Gartenliebhaber und Naturfreunde Gefallen finden werden. Mit seiner enormen Schöpferkraft und seinem großen Ideenreichtum machte ihm die Gestaltung hierbei genausoviel Freude wie die Verwandlung einer Gartenhecke mit immer neuen Variationen. Er wollte noch viele seiner bezaubernden Bilder malen, die so viele Freunde fanden. Außerdem war sein größter Wunsch, mit mir zusammen noch viele Bücher zu schaffen. Doch leider war es ihm nicht mehr gegönnt, die Fertigstellung des Buches, mit Ausnahme des Schutzumschlages, noch zu erleben. Ich glaube jedoch mit Sicherheit, daß ich seine Ideen bei der Gestaltung in seinem Sinne verwirklicht habe.

Ebenso möchte ich auch Christiane Widmayr-Falconi, Buchautorin und Helene Weinold, beide Redakteurinnen der Gartenzeitschrift „kraut & rüben", herzlich danken für ihre freundschaftliche, lektorierende Hilfe und ihre Sachkenntnisse.

Dank gebührt letztendlich auch meinem Team der Lithographie,
Graf + Fraunholz
in 8900 Augsburg.
Sie bemühten sich mit viel Liebe zur Sache, den Wünschen des Malers und Gestalters gerecht zu werden.

Mit derselben Begeisterung und demselben Können arbeiteten die Setzer und Drucker der
Druckerei Hofmann
in 8900 Augsburg.
Mit großer Sorgfalt arbeiteten sie alle meine Layouts und typographischen Vorlagen aus.

Inhaltsverzeichnis

Erst als Hans-G. Meile für immer der Stadtwohnung den Rücken gekehrt hatte, fing er an, Pflanzen, Vögel und die kleine Insektenwelt seines Gartenreiches zu malen. Bald aber faszinierten ihn auch die vielfältigen Formen und leisen Farbtöne der alten Rosenblüten aus „Christines Rosengarten“.

Seinen Stil hat er den Malern des achtzehnten und neunzehnten Jahrhunderts abgeschaut: akribisch mit feinstem Haarpinsel, eher gezeichnet als gemalt, und nicht in der Manier der großzügig verlaufenden Aquarelltechnik. Dies verleiht seinen Bildern einen Reiz des Altertümlichen.

Während die alten Künstler jener Zeit ihre Pflanzen und Tiere in ihren Bildern botanisch auffaßten, hauchte H.-G. Meile seinen Darstellungen Leben ein; sie sind im Kulminationspunkt festgehalten, und im klassischen Bildaufbau des Lambdoma gearbeitet. Es kam nicht selten vor, daß ein kleiner Vogel von einem Rosenzweig vor dem Fenster neugierig einen Abstecher ins Atelier des Malers wagte oder eine freche Meise sich auf die Malerpinsel direkt vor ihn in Positur setzte. Gleichsam als wäre das lebende Modell auf das Papier des Malers geflogen, sieht man seinen Vögeln an, daß sie nicht nach ausgestopften Exemplaren aus dem Museum gezeichnet sind.

. . ich habe die Träume meiner Kindheit in einem Garten wiedergefunden –

durch den noch ungetrübten Blick eines kleinen Mädchens vom Lande, dem sich die kleinen und großen Wunder der Natur noch ganz anders offenbaren als uns Erwachsenen.

Vergessenes – Erlebtes und Erträumtes – aus meinen eigenen unbeschwerten Kindertagen, beschwor das Kind herauf.

Ich liebe meinen Garten. Die Stunden, die ich hier verbringen darf, sind meine glücklichsten. Nichts auf der Welt läßt mich die Verdrießlichkeiten eines Alltags leichter vergessen, als wenn ich, auf dem Boden knieend, mit bloßen Fingern in der weichen Erde bohre, um ein hartnäckiges Würzelchen ans Tageslicht zu befördern, und dabei den Geruch frischer Erde, herben Gundermanns oder des süß duftenden Ruchgrases einatme. Immer wieder stöbere ich mit der Kamera verborgene Nischen auf. Der Blick durch den Sucher zeigt nur einen Teil, das Wesentliche; das verlockende Spiel von Licht und Schatten, die ständig wechselnden Beleuchtungen von Tages- und Jahreszeiten lassen vertraute Winkel, die meinen Augen längst zur Gewohnheit wurden, als völlig neue Fleckchen Garten erscheinen.

Die mit der Kamera eingefangenen Bilder in diesem Buch geben die Realität eines zauberhaften Natur- und Rosengartens wieder. Die im Druck farbverfremdeten Aquarelle des Malers dagegen sprechen für die Träume.

Oben: In meinem Fenstergeviert spielt sich eine eigene Welt ab.

Am Himmel über mir

Das Fenster in meinem Dachjuchhe besaß für mich von jeher ein besonderes Flair, seit wir das kleine Haus im Garten bezogen hatten. Ein faszinierender Ausblick für eine Großstädterin, die jahrelang nur aus einem Parterrefenster sehen konnte, in einen Hof mit flatternden, vom Weißen Riesen gebleichten Wäschestücken.
Anfangs hatte ich wahrhaftig das Gefühl, in meiner luftigen Höhe mitten in den Baumkronen zu sitzen.
Wenn ich an meinem Fensterausblick saß, glaubte ich mich mit den Mäusebussarden, den Flugkünstlern, die dem Himmel eher anzugehören scheinen als der Erde, in Spiralen immer höher zu winden. Wenn sie ihre Himmelskreise ziehen, so hat das, auch heute noch, für mich etwas ungemein Beruhigendes.
Später rückte ich mir einen Schreibtisch ans Fenster, und schrieb in mein Vogeltagebuch, was Wundervolles um mich herum geschah.

Rechts: Die Kohlmeisen streiten sich um die ausgekämmten Haare der Dackel. Für eine weiche Auspolsterung ihrer Nester suchen sich Meisen Wolle, Haarfilz und auch feine Federchen.

Oben: Gartengrasmücke in den blühenden Zweigen der Felsenbirne. Die Grasmücken sind die jubelnden Frühlingskünder. Und wenn im Sommer ihre hungrigen Jungen versorgt sind, dann hört man erneut ihren Gesang, wenn die anderen Vögel längst verstummt sind. Die Gartengrasmücken lieben parkartige Gärten und das Unterholz des Waldes. Sie ernähren sich und ihre Jungen von Blattläusen und kleinen Raupen, im Spätsommer und Herbst lieben sie Beeren.

Jetzt habe ich, wenn ich an meinem Tisch sitze, ein Fenstergeviert über mir, in dem sich eine eigene Welt abspielt. Es sind meine ganz besonderen Fensterbilder, Momentaufnahmen in Farbe und Schwarzweiß im Jahreslauf. Von hier aus sehe ich nur noch von den Baumwipfeln aufwärts zum Himmel. Am unteren Bildrand eine gezackte Linie: die Spitzen eines Fichtenwaldes. Schwarze, winterliche Äste der Apfelbäume, manchmal weiß überzuckert; Birken, Lärchen und Fichten tauchen nur schemenhaft aus dem Hintergrund auf.

Rosa und weiße Apfelblüten, die bald der Frühlingswind verweht; kühles schattenspendendes Laub im Sommer, darunter ein sonntäglich gedeckter Tisch, von dem Kaffeeduft zu mir heraufzieht.

Leuchtendrot stehen die Vogelbeeren der Ebereschen gegen einen kräftigblauen Augusthimmel.

Im Herbst reifen in Augenhöhe die Äpfel, auf die schon viele Freunde warten. Ich denke da speziell an meine gefiederten. Für sie sind die Äpfel eine Leckerei im Winter. Rotdrosseln mischen sich unter unsere Wacholder- und Misteldrosseln, Amseln und Finkenvögel. Unter den zahlreichen Wintergästen, den vom verschneiten Norden in den warmen Süden ziehenden Vögeln, hat es sich herumgesprochen: Hier ist das letzte Feinschmeckerrestaurant vor der Grenze zum warmen Süden. Es ist reichlich aufgedeckt, á la carte, Gustostückerl, für jeden Geschmack ist etwas dabei.

Schnell habe ich mich an das typische Verhalten der einzelnen Vogelarten und an ihren Habitus gewöhnt. Ich lernte sie unterscheiden, auch ohne ihr Gefieder deutlich zu sehen.

Auf meine Wetterstation am Himmel über mir kann ich mich mehr verlassen, als auf den Deutschen Wetterdienst. Die Wolken geben mir Auskunft und auch die Schwalben.

Anders als diese flitzenden Segler schnappen sich die Grauen Fliegen-

schnäpper ihr Futter aus der Luft. Sie haschen im Flug Fliegen, Falter und Mücken, kehren aber sofort zu ihrem Ansitz zurück. Der Grauschnäpper, wie man ihn auch nennt, sitzt gern auf den elektrischen Drähten, die sich von Haus zu Haus über meinem Fenster spannen. Von dort beobachtet er gelassen, was so um ihn herumschwirrt. Plötzlich stößt er sich ab, rüttelt kurz in der Luft, nur wenige Meter von seinem Sitzplatz weg, und schnapp! da hat er einen Brummer im Schnabel. Im Sommer hocken seine flüggen Jungen aufgereiht neben ihm. Dann bekommen sie den fetten Brocken in den Schnabel gestopft.
Eine Schar von Fichtenkreuzschnäbel kündigt sich immer lautstark von weitem an. Sie ziehen wie die Zigeuner in den Fichtenwäldern umher und suchen nach samentragenden Fichtenzapfen. Ich möchte sie fotografieren, die ziegelrot gefiederten Männchen und grüngrauen Weibchen. Sie kommen gern und regelmäßig hierher, um ein Bad im kleinen Teich im Garten zu nehmen. Wie herbstbuntes Laub lassen sie sich von oben aus luftiger Höhe von den Zweigen der Fichten und Apfelbäume fallen und spritzen im Wasser wie übermütige Kinder. Ich muß allerdings gestehen: Um den Betrieb unten im Garten beobachten zu können, muß ich mich umständlich auf meinen Schreibtisch hinaufbemühen, was des öfteren geschieht, denn von den Vögeln lasse ich mich gern von meiner Arbeit ablenken.

Oben: Graphisch effektvolle Bilder des Winters.

Seite 12: Im Frühling pickt der Gimpel gerne an den Blattknospen der Bäume, aber auch die Blütenknospen verachtet er nicht. Doch ist seine Ernte so gering, daß er keinen Schaden anrichtet.

Oben: Im Herbst ist der Kirchturm der Dorfkirche zu sehen.

Unten: Der Braune Bär ist noch relativ häufig zu sehen. Dagegen kommt der größere Augsburger Bär nur noch selten vor. Der Braune Bär fliegt erst gegen Mitternacht das Licht an. Tagsüber sitzen die Falter versteckt an Gräsern und Wiesenkräutern. Trotz ihrer auffallenden Farbe sind sie schwer zu finden. Den Namen erhielt der Nachtfalter nach dem pelzigen Aussehen seiner Raupen.

Marie

Außer den Lauten der Vögel dringen gelegentliche Geräusche wie aus weiter Ferne vom Tal zu mir herauf in meine stille Klause: Das rhythmische Rattern eines Traktors auf dem Feld, Hundegebell auf einem Bauernhof. Jedoch das Feierlichste ist das Glockengeläut der alten Dorfkirche. Es ist ein Klang der Erinnerung: Ferien auf dem Lande. Je nachdem, woher der Wind weht, höre ich die Glocken so nah, als läuteten sie gleich nebenan zur Sonntagsmesse oder zum Abendgebet. Sehen kann ich den für unsere Landschaft typischen Zwiebelturm der kleinen Dorfkirche freilich nur im Winter, wenn die Stürme die Bäume kahlgefegt haben. Unser Kirchlein kann mit dem berühmten Namen seines Erbauers renommieren: Hans Georg Mozart, ein Augsburger Maurermeister und Urgroßonkel von Wolfgang Amadeus. Vater Leopold und die Vorfahren stammen alle aus unserer Umgebung. Vom Dorf unten kommt unsere kleine Freundin Marie.

„Braucht's a Milch!" ist mehr als Vorwand gedacht, den „Rosenmann" und die „Rosenfrau" zu besuchen. Den Mann mag sie lieber, weil er schöne Bilder malt.

Sie geht gern mit mir durch den Garten, ist neugierig und für alles empfänglich, was um sie herum in der Natur geschieht. Doch mit Sicherheit profitieren wir beide voneinander. Von Marie

Eine große Anziehungskraft für Bienen haben die kleinen weißen Blüten der Rose *R.multiflora.* Im Herbst trägt der riesige Strauch entzückende kleine Hagebutten.

erfahre ich so manches aus altem bäuerlichem Erfahrungsschatz.
Aus irgendeiner Gedankennische klaubte ich meine laienhafte gärtnerische Vorstellung viele Jahre lang: Bauerngärten verdanken ihre pralle Blütenpracht nur dem Dung, dem Mist, der ja gleich nebenan zur Verfügung steht. Marie indes klärte mich über die moderne Landwirtschaft auf:
„Mama düngt ihre Stockrosen nur mit Bier."
Zweifel mußten sich in meinem Gesicht bemerkbar gemacht haben.
„Keine ganze Flasche natürlich", beruhigte sie mich, „einfach die leere Bierflasche und das Glas mit etwas Wasser ausspülen und damit die Stockrosen gießen."
Jetzt trinken wir im Sommer ab und zu „Hefeweizen", den Stockrosen zuliebe. Die Pflanze, die unterm Dachvorsprung steht, vor saurem Regen geschützt, gedeiht kolossal. Nur ab und zu bekommt sie etwas Hefeweizen verabreicht. Allerdings stehe ich, des Alkohols ungewohnt, nach einem halben Glas Bier nicht mehr so gerade wie meine Stockrose.
Marie ist nur halb so groß wie ein Erwachsener. Sie sieht deshalb die Dinge von einer anderen Warte aus. So findet sie im Gras winzige Eierschalen vom Zaunkönig, von der Heckenbraunelle oder vom Rotkehlchen, an denen ich achtlos vorübergehen würde. Vor den Hummeln fürchtet sie sich nicht, sie streicht ihnen behutsam mit dem Finger

über den Plüsch ihres Rückens. Gelegentlich steckt sie ihr Köpfchen in den „singenden Busch", den riesigen *Multiflora*-Rosenstrauch, und ist ganz trunken von dem Brummen der Bienen und Hummeln.
Einmal öffnete Marie ihre kleinen, zu einer Höhle geformten Hände und zeigte mir einen „Braunen Bär". Der dickleibige Nachtfalter zappelte schlaftrunken mit seinen braunen und orangefarbenen Flügeln. Zamperl, der Dritte unserer drei Dackel, hatte ihn im hohen Gras aufgestöbert und mit seiner Nase angestupst. „Er hätte ihn mit Sicherheit gefressen", schmollte Marie.

Die Raupe des Mittleren Weinschwärmers zieht ihren, in Ruhestellung spitzen Kopf bei Berührung in den Körper zurück. Diese Drohgebärde, ebenso die gezeichneten „Augen", sollen ihren Feinden Furcht einflößen. Die Raupe lebt an Weidenröschen und Reben. Der rosafarbene Falter saugt in der Dämmerung Nektar an duftenden Geißblattblüten.

Die Laubheuschrecken sind Allesfresser. Sie leben von Insekten und von Pflanzen. Die Weibchen besitzen einen auffällig langen Legesäbel. Einige Arten haben einen kürzeren gekrümmten Säbel, mit dem sie, mit an der Spitze sägeartigen Zähnen, Pflanzen aufsägen, und ihre Eier hineinlegen. Der lange Säbel dagegen, dient dazu, die Eier in den Boden zu bringen.

Ein verzauberter Garten

Seit ihrem ersten Besuch war Marie von unserem Garten fasziniert. Sie liebt es, hin und wieder eine Freundin durch unser grünes Reich zu führen.
Marie besitzt die schöne Gabe, ein wahres Himmelsgeschenk, sich in die lebendige Natur einzufügen und dabei sich selbst völlig vergessen zu können. Wenn ich in ihr strahlendes Gesichtchen blicke, springt ein Begeisterungsfunke über. Ihre grauen Augen sind der lebendigste Teil an ihr. Ständig suchen sie die Umgebung ab, um Neues zu entdecken. Aber nicht nur für Marie ist hier ein

Oben: Geheimnisvoll wirkt ein Garten, den man nicht sofort in seiner ganzen Größe überblicken kann.

Links: Die weißen Blüten der *Iris sibirica* ,White Swirl' wirken wie flatternde Schmetterlinge.

Schmale Pfade schlängeln sich zwischen den Rosensträuchern. An einer Wegbiegung rankt sich eine Kletterrose ‚Tausendschön' an und in einer Kiefer empor.

Der Teich erscheint mit einem Effektfilter noch verwunschener.

Zaubergarten, der viele Überraschungen birgt.
Schmale Pfade schlängeln sich zwischen hohen Rosensträuchern hindurch. Jede Rose kann eine Geschichte aus längst vergangenen Zeiten erzählen. Es ist ein Spaziergang durch die Jahrhunderte. Die Wege erlauben nur einen schmalen Durchblick, wie durch einen Türspalt. Man kann einen verwunschenen Märchengarten nur ahnen. Denn dieser Garten verrät seine Geheimnisse nicht auf einmal. Vor etlichen Jahren steckten mein Mann und ich, damals noch Gartenneulinge, in der Obstbaumwiese die Wege in einer schlangenförmigen Linie mit Stäbchen ab. Um eine noch bessere Vorstellung von der künftigen Wegführung zu erhalten, legten wir die Steinplatten lose auf die markierte Linie und fotografierten erst die „Skizze". Die Aufnahme zeigte uns eventuell vorhan-

Elfengleich schweben die lavendel-rosa-farbenen Blüten der *Iris sibirica* ‚Mrs. Rowe'.

Der stark abgeflachte Hinterleib der PLATTBAUCHLIBELLE ist breiter als bei anderen Libellen. Sie fliegen von Anfang Mai bis Mitte August. Die Männchen sitzen gern an den Halmen am Teich.

dene Unschönheiten deutlicher, und wir konnten so das Ganze mit einem Blick überschauen. Erst viel später erfuhr ich beim Studium von Gartenbüchern, wie Friedrich Ludwig von Sckell, der Gartenarchitekt, der gegen Ende des 18. Jahrhunderts den berühmten Englischen Garten in München anlegte, mit einem großen Stock die Wege im freien Gelände in Form einer Schlangenlinie zeichnete. Diese natürliche Linienführung, die an einem nicht schon vorher bestimmten Punkt ihre Richtung ändern kann, nannte der englische Maler William Hogarth (1697-1764) eine „Schönheitslinie".
In der Bogenführung dieser Wege liegt der visuelle Reiz. Wie in einer Laterna Magica laufen die Bilder ab. Ein weiterer Bluff gelingt: Ein kleines Stück Garten

Im hellen Frühlingslicht blüht die Wildazalee *canadense*. Die Flußufer im Osten von Nordamerika sind die natürlichen Standorte dieser bezaubernden Azaleen.

erscheint wie ein großer Park. Die unregelmäßig gelegten Steinplatten führen das Auge zu einem markanten Punkt, einem Rosenbeet oder einem anderen Blickfang. Sie lenken die Blicke zu einer Wegbiegung, an der eine Kletterrose, 'Tausendschön', an einer Kiefer durch die Zweige emporrankt. Es gibt kein planloses Umherschweifen mit den Augen.
Und plötzlich taucht hinter einer weißblühenden Strauchrose – ‚Mme Hardy'– die glänzende Wasserfläche eines kleinen Teiches auf. Ein „Aha-Effekt"! Alle Besucher bleiben hier stehen. Niemand interessiert sich mehr für meine Rosen. Ein wunderbares Überraschungselement, und ein gänzlich neues Bild, wie der Teich, eher einem kleinen sich windenden Bachlauf ähnelnd, sich in die Umgebung einfügt. Er ist das Herzstück unseres Gartens, – v. Sckell nannte das Wasser sogar „die Seele eines Gartens". Auf ein buntes Blumenbeet könnte ich verzichten, auf einen Teich aber, und sei er noch so klein, niemals.

Zeitgleich mit Rosen blüht die JAPANISCHE SUMPFIRIS *Iris kaempferi laevigata* ‚Rose Queen'. Sie liebt während des ganzen Jahres feuchten Standort.

Ein schmales Rinnsal verbindet den flacheren Vogelbadeteich mit einem größeren, tiefer angelegten Wasser, damit die Frösche im Schlamm überwintern können. Jeder unserer Besucher glaubt, dieser Teich entspringe einer natürlichen Quelle, so naturgetreu ist er angelegt. Und mittendrin eine kleine Insel, bewachsen mit Wollgras, Gauklerblumen, Wasserminzen und Sumpfvergißmeinnicht.
Farne, Wiesenschaumkraut, Himmelsschlüssel, Sumpfdotterblumen fanden sich selbst rings ums Wasser ein. Mit wenigen Ausnahmen säumen nur Pflanzen den Uferrand, die auch wildwachsend in der Umgebung vorkommen.
Die Besonderheiten aber fügen sich in das natürliche Bild des Gartens ein. Bescheiden zartfarben und schmetterlingsgleich blühen *Iris sibirica* und die Sorte ‚Mrs. Rowe', so, als seien sie sich bewußt, Außerirdische zu sein. Ein verwunschenes Steintreppchen führt direkt ins Wasser, in Maries Nymphenreich. Niemand darf es betreten, sonst kehren ihre Nymphen und Elfen nie mehr hierher zurück.
„Die vier Steinstufen bedeuten jede eine Jahreszeit", sagt sie, „die Stufe des Winters liegt immer im Wasser."
Dann erklärt sie mir die Sache mit den Nymphen:
„Die Wassergeister und Nymphen sitzen überall – hier im Rhododendron, im Gras – und passen auf, daß niemand den Umkreis ihres Wasserschlosses zerstört. Wenn du sie trittst, verzaubern sie dich."
„Wie kann ich ihnen denn aus dem Weg gehen, wenn ich sie gar nicht sehe?"
„Du kannst sie vielleicht schon sehen, nur weißt du es nicht. Denn ihre Körper sind fast durchsichtig, wie hauchdünne

Schleier. Sie fliegen mit dem Wind durch die Lüfte", dabei rudert sie mit ihren Armen, um mir vorzuführen wie die Elfenschleier ihrer Nymphen sich fortbewegen.
„Sie schweben über dem Wasser, und sie küssen ihr Spiegelbild." Ihre Stimme bekommt einen schwärmerischen Ton.
„Das sind doch Libellen und Teichjungfern!" versuche ich Ungläubige, Maries Träume wegzuwischen. Aber sie läßt sich ihre Phantasiewelt nicht zerstören.
„Siehst du die weißen Seerosen im Teich?"
Natürlich sehe ich sie.
„Das waren mal schöne Prinzessinnen. Weil sie nicht an Nymphen und Elfen glaubten, sind sie von den Wassergeistern verwandelt worden."
„Und in was verwandeln sie mich, wenn ich weiter behaupte, es seien Libellen? . . ."
Zu meinem Glück weiß Marie keine Antwort darauf. Wer weiß, als welches Mauerblümchen ich jetzt meine Tage fristen müßte, da ich ja nicht von blauem Geblüt bin. Aber ein bißchen wehmütig ist mir doch zumute. Wie leicht uns die Nymphen verlassen, überall da, wo wir ihre Reservate zerstören. Vielleicht verdanken wir es den Wassergeistern, daß Rhododendren und Azaleen am Wasser so prächtig blühen und wachsen.

Seite 24 links: „Sommerboten" und „Sonnenkinder" nennt Hermann Löns die zarten Libellen. Die zierliche blaue Hufeisen-Azurjungfer wirkt so zart, als könnte sie der leiseste Windhauch davontragen. Diese Schlanklibellen sind noch am häufigsten an unseren stehenden Gewässern anzutreffen.

Seite 24 rechts: Die Libelle krallt sich nach dem Schlüpfen an ihre Larvenhaut. In die zuerst noch weichen Flügel pumpt sie Blutflüssigkeit. Danach kann sie ihre Flügel strecken, und in kurzer Zeit öffnet sie sie und fliegt davon. In diesem Stadium sind alle Libellen besonders gefährdet.

Das rechte Flügelpaar ist bei dieser Mosaikjungfer noch nicht vollständig mit Blutflüssigkeit aufgepumpt.

Der Teich aus der Dackelperspektive

Manchmal lege ich mich bäuchlings neben Marie, um im Teich mit ihr nach Lebewesen zu suchen. Aus der Dackelperspektive bietet sich wieder ein ganz neuer Anblick.

Auf der Wasseroberfläche eilen Wasserläufer, ohne einzusinken. Mit dem Vergrößerungsglas sehen wir die unbenetzbaren Härchen auf ihrem Bauch. Die Tiere ernähren sich von toten Insekten, die auf die Spiegelfläche des Teiches gefallen sind.

Wir suchen nach fingerhutgroßen Luftblasen zwischen Pflanzen im Unterwasserreich, wo acht bis fünfzehn Millimeter kleine Wasserspinnen leben, und nur zum Luftholen an die Oberfläche kommen. Auch ihr Leib ist stark behaart, und die Luft bleibt, wie ein dünner Film, beim Wiedereintauchen ins Wasser, haften.

Oben: Die kleine Seerose *Nymphea Pygmea alba*, eine Wildform, die vor etwa vierzig Jahren in unseren flachen Gewässern noch heimisch war, ist durch viele Trockenlegungen völlig verschwunden. In Norwegen ist die Miniseerose noch zu finden. Sie vermehrt sich nur durch Samen.

Seite 26: Tropisch mutet der „Vogelbadeteich“ in diesem Halbschattenbereich an, in dem Farne, Azaleen und Rhododendren überwiegen.

Links: Der Dackel beschnuppert vorsichtig die Erdkröte. Sie ist ihm nicht ganz geheuer.

Der kleinste Frosch, der LAUBFROSCH, beherrscht das lauteste Quaken. Gegen Abend füllt er seine Schallblasen mit Luft und beginnt sein Konzert. Er läßt sich aber auch von Regentropfen, Hundegebell, Schreibmaschinengeklapper, und manchmal auch von einem bestimmten gackernden Frauenlachen animieren. Die Nachbarlaubfrösche fallen dann in einen Kanon mit ein.

Drei GRÜNE TEICHFRÖSCHE im „Froschmarsch". Es ist die Eigenart der Teichfrösche, sich stundenlang auf ihrem Stammplatz zu sonnen.

Marie findet eine Köcherfliegenlarve im Teich. Aus Blättern, Sand, Rinden- und Holzteilchen fertigen die Larven die Köcher an. Ist die Verpuppung beendet, beißt sich die fertige Fliege durch die Kokonhülle und schwimmt an die Oberfläche. Abends paaren sich die Tiere im Flug über dem Wasser, und der Kreislauf beginnt aufs neue. Taumelkäfer, die ihren Namen mit Recht führen, ändern ständig ihre Richtung im Wasser. Zwei Augen unter dem Wasser, zwei Augen über der Wasserfläche sind das Geheimnis dieses, für unsere Begriffe ziellosen Umherschwimmens.
Marie bedauert einen Rückenschwimmer, einen Wasserkäfer, der mit dem Bauch nach oben schwimmt. Sie glaubt, das Insekt könne sich nicht mehr hochrappeln.
„Der Arme ertrinkt ja!"
Sie holt ihn auf ihrer Handfläche heraus, läßt ihn aber gleich mit einem entsetzten Aufschrei wieder los. Der Undankbare hat seine „Retterin" in die Hand gestochen.

Ein wohlig warmer Frühlingstag. Marie kniet am Teich. Im Wasser schnorcheln und gurgeln schon die sich paarenden Grasfrösche und Erdkröten. Einige Laichschnüre, die Eiablage der Kröten, schaukeln wie Perlenketten an den Stengeln von Fieberklee und Teichseggen. Ein gallertartiger Laichklumpen der Grasfrösche schwimmt unter der Oberfläche zwischen Krebsscheren und Seerosenblättern.
„Die Molche fressen die winzigen Punkte im Laichballen," ruft Marie ganz entsetzt.
Zuerst glaube ich ihr nicht. Doch dann sehe ich, wie die spitzen Mäulchen der Teichmolche die winzigen, eingeschlossenen Kaulquappen auffressen, bis nur noch lauter leere Gallerthüllen übrig sind. Marie ist über die „mordlustigen" Molche sehr enttäuscht. Ich versuche, sie zu beruhigen: „Fressen und gefressen werden. Das ist überall so in der Natur. Die größeren Kaulquappen der Grasfrösche fressen später den Laich anderer Amphibien auf".
„Vielleicht sogar die Eier von den Molchen!" Das scheint Marie zu beruhigen, oder zumindest tut sie so, als sei sie furchtbar sachlich.

Als Zaungast in der ersten Reihe

Der Teich ist der lebendigste Teil eines Gartens. Alles mögliche kommt ohne unser Zutun an den Teich, lebt in ihm, und lebt von ihm. Wasser zieht viele gefiederte Badegäste an. Seltene Vögel baden und trinken im flachen Uferbereich, oder in dem für sie extra angelegten Vogelteich.
Am späten Nachmittag, ich kann die Uhr danach stellen, wenn ich die Zeitverschiebungen der untergehenden Sonne mit berechne, treffen die ersten Badegäste ein. Plötzlich schwirrt etwas leise, ganz nah an meinem Kopf vorbei, oder streift sogar meine Schulter, wenn ich, in typischer Gärtnerhaltung am Boden kauernd, zufällig in Ufernähe Giersch oder Quecken aus den Azaleenbeeten buddele.
Erlenzeisige pärchenweise, Goldhähnchen, Fitis, Gartenrotschwanz, setzen sich auf die halb im Wasser liegenden runden Kieselsteine, lassen sich auf den morschen Ästen nieder, hüpfen hinein, bis ihnen das Wasser an die Brust reicht. Mit ausgebreiteten Flügeln bespritzen sie sich; sie tauchen ihre Köpfchen unter, um beim Auftauchen die Wasserperlen über ihren Rücken rollen zu lassen. Nach dem Bad fliegen sie in die Apfelbäume, in die Fichtenhecke, um sich mit ihren Schnäbeln das Gefieder zu ordnen. Sie rufen und locken, und tatsächlich, alle kommen sie zum Baden.
Buchfinken und Drosseln waten lieber vom sandigen, seichten Ufer ins Wasser. Die kleinen Vögel lassen sich von den großen Eichelhähern, Grau- und Grünspechten nicht stören.
Eines Tages saß ich als Zaungast in der ersten Reihe und beobachtete drei Bunt-

SINGDROSSEL beim Abflug nach einem Bad.

spechtkinder, wie sie, ihre rotgefiederten Köpfe neugierig drehend, vom Ufer aus zusahen, während Vater und Mutter sich im Wasser tummelten.
Zuerst watete Nummer eins mutig hinein ins nasse Element, machte einen ersten plumpen Versuch, seinen Rotschopf einzutauchen, hüpfte aber schnell wieder hinaus aufs Trockene zu seinen Geschwistern. Es sah aus, als würden sich die drei beraten: „Gigigig“. Dann nahm der zweite einen Anlauf in den Teich. Er planschte vergnügt im Wasser. Doch der dritte und letzte sah ihnen allen verständnislos zu. Erst nach einigen Tagen, als die Alten sich nicht mehr um ihre Jungen kümmerten, fühlten sich alle drei in der Pfütze sichtlich wohl.

Die wendige Gartengrasmücke „schmiegt“ sich durch die Zweige. Beim Umherschlüpfen im Gebüsch hört man ihr wohlklingendes Geplauder aus flötenden Tönen.

Ein liebenswerter Pfennigfuchser

„Zeit ist Geld", sagte sich ein Zilpzalp, als der Bayerische Rundfunk einen Film über unseren Garten drehte.
Der Kameramann, er ist bekannt für seine einzigartig schönen Naturaufnahmen, liebte es, sich die schönsten Gegenlichtdetails zu suchen. Farne und Gräser am Teich waren gerade sein Ziel im Objektiv. Wir baten ihn, er möge doch warten, bis ein Vogel sein morgendliches Bad nehmen würde. „Ich bin nicht hier, um Vögel zu filmen." Unsere Bitte irritierte ihn sichtlich. Das hörte der kleine quirlige Zilpzalp im Apfelbaum über uns. *Philloscopus Collybita* – witzig ist der zweite Teil seines wissenschaftlichen Namens, der soviel wie Geldwechsler heißt – zählte schnell die Mark und Pfennige zusammen, die sein Zögern das Bayerische Fernsehen kosten würde. Er schwirrte hinunter ins Vogelbad, zielsicher in das vom Kameramann bereits eingestellte Bild. Zuerst setzte er sich auf den knorrigen Ast, der halb im Wasser lag, hüpfte hinein in die Pfütze, spritzte und benetzte sich mit seinen Flügeln, flog zurück auf den Ast, und fuhr sich mit seinem spitzen Schnäbelchen kurz durch sein Gefieder. Dreimal hintereinander diesselbe Szene: Klappe 1, die erste; Klappe 1, die zweite . . .
Es könnte ja einmal eine Einstellung nicht sitzen, sagte sich Zilpzalp, der liebenswerte Pfennigfuchser. Im Film sieht man alle drei Wiederholungen. Der Kameramann strahlte, als er die Filmszene im Kasten hatte. Während einer vorher gedrehten Einstellung erklärte mein Mann dem Moderator Sinn und Zweck dieser alten Äste im Teich: „Die Vögel fliegen nach dem Bad zuerst den naheliegenden Ast an, um sich ihr Gefieder zurechtzuzupfen." Später fügte die Cutterin diesen Text zu unserer Zilpzalpszene. So entstand für den Betrachter des fertigen Fernsehfilmes der Eindruck, der Erzähler stehe neben dem badenden Vogel.
Wir triumphierten, ohne uns als Sieger zu fühlen. Die Anerkennung aber gebührte unserem kleinen Zilpzalp. Das Glück hat manchmal eben zwei Flügel.

Die Azalee strebt dem Sonnenlicht entgegen. Im Schatten der hohen Laubbäume erhalten die darunterstehenden Pflanzen nur kurzzeitig Sonnenschein.

Oben: Eingerahmt von Rosen: ‚Veilchenblau', ‚Félicité et Perpétue' und *R. helenae,* und dem MUTTERKRAUT am Wegrand, lädt das offenstehende Türchen in einen anderen Gartenteil ein.

Rechte Seite: Eine Sammlung aus verschiedenen Strauchrosen trennt optisch zwei Gartenteile.

Vor dunklem Hintergrund leuchten die schlanken Blütenkerzen der SILBERKERZE (*Cimicifuga*).

Ein anderer Gartenteil

Da gibt es noch einen Gartenteil, der sich von einer ganz anderen Seite zeigt: Eine grüne Insel, beschattet von hohen Bäumen. Eichen, Lärchen, Birken schließen sich nahtlos an den angrenzenden Laubwald an, und ein dichter Unterwuchs von heimischen Sträuchern läßt keine Grenze erkennen.
Sonnig und bunt leuchtet der eine Garten, und der andere ertrinkt beinahe in üppigem Grün.
Eine ganze Sommerpracht aus Rosen und blauem Rittersporn trennt optisch die beiden Gartenteile. Eine Sammlung aus verschiedenen Strauchrosen, Damaszener-, Alba- und Gallicarosen von unterschiedlicher Höhe und Farbe, versetzt gepflanzt, täuscht eine Hecke vor, die dennoch neugierige Blicke in den „anderen Garten" erlaubt.
Ein Weg führt zu einem immer offenstehenden Zaunlattentürchen. Trotz dieses einladenden Durchgangs taucht bei Besuchern erwartungsgemäß ständig die gleiche Frage auf: Gehört der Garten dort drüben auch dazu?
Kurioserweise erscheint ein zweigeteilter Garten größer. Versteckte Gartenräume, getrennt durch eine grüne Wand aus blickverwehrenden Sträuchern erwecken Neugierde. Was mag sich wohl hinter den grünen Paravents verstecken? Nörgler behaupten, in diesem waldähnlichen Gartenteil sei Gestaltung ohne-

hin überflüssig. Gewiß, der Waldsaum gibt eine natürliche Grundlage. Aber gerade der allmähliche Übergang von lichter gepflanzten Bäumen und Sträuchern zu dem farbigen Blumengarten verläuft fließender als eine abrupt am Zaun beginnende niedrige Bepflanzung. Der Garten ist langsam gewachsen und zu dem geworden, was er heute darstellt. Hier in diesem Teil des Gartens sind die schlängelnden Wege durchs Gebüsch und zwischen den Bäumen dieselben wie in meiner Kinderzeit. Nur erhalten sie von Marie heute andere Namen, als ich ihnen damals gab. Bachstelzenweg nannte ich sie oder Eichkatzerlallee. Marie verteilt die Namen nach den jeweils aktuellen Fernsehserien.
Im Mittelpunkt dieses Waldstückes breitet eine Winterlinde ihre mächtige, dunkelgrüne Laubkrone über Halbschattengewächse aus, die vor vielen Jahren noch ein bißchen Sonnenschein genießen durften. Heute müssen sie sich mit dem Lichtreflex einer benachbarten, kurzzeitig sonnenbeschienenen Wiese begnügen. Astilben und Silberkerzen erreichen deshalb nur noch die Hälfte ihrer vorgeschriebenen Größe. Aber gerade die bescheidenen, stillen Schönheiten sind es, die hier besser zur Geltung kommen als züchterische Glanzleistungen.
Unter dem riesigen Baumschatten denke ich oft schmunzelnd an meine Kinderzeit, als der Vater anfing, den Acker, den er gekauft hatte, in einen Garten zu verwandeln. Damals war diese Linde noch ein kleines Bäumchen und einziger Schattenspender. Die Sonne, die noch durch das spärliche Laub des grünen, natürlichen Sonnschirmes fiel, kitzelte meine kleine Schwester, die auf einer rosafarbenen Babydecke im Gras lag, ständig an der Nase. Immer wieder mußte die Mutter ihr strampelndes Bündel dem winzigen wandernden Schattenfleck nachschieben. Für mich war da kein Platz mehr.
Inzwischen lassen die kräftigen Wurzeln des Baumes längst keine lichthungrigen, feinen Grashalme mehr sprießen. Dafür dämpfen weiche Moospolster den Tritt, und spenden das Material für die wärmenden Bettchen der nackten Vogelkinder.

Leider werden Disteln in den meisten Gärten als sogenanntes Unkraut entfernt. Dabei sind die Blüten für viele Insekten sehr wichtig, die Samen wiederum Nahrung für Distelfinken und Gimpel. Hier ist es die auf Wiesen und in Gärten häufig vorkommende Lanzett-Kratzdistel (*Cirsium vulgare*).

Beerenernte

Damals hielt sich mein Interesse am Gärtnern noch in Grenzen. Der Vater, von perfektionistischem Naturell, hielt nichts von meiner „Hilfe“ in seinem Garten.
Mit Kinderspaten und -rechen wollte er mir, in einem extra für diesen Zweck angelegten Schulungsbeet, die Kenntnisse einer Gärtnerin von Grund auf beibringen. Nach Schule stand aber zu jener Zeit mein Sinn noch nicht. Gärtnern wollte ich, so wie die Erwachsenen, oder gar nicht. Zwangsläufig blieb es beim „Gar nicht“.
Vater mußte fort, in den Krieg, wie er sagte. Ein paar gepreßte Blumen, die ich ihm sandte, waren für lange Zeit das einzig Greifbare aus seinem Garten, was er in seinen Händen halten konnte.
Auf einer Feldpostkarte, die ich immer aufbewahren werde, bedankte er sich dafür.
Meine Hilfe bestand dann nur noch darin, Mutter bei der Beerenernte zu helfen. Schwarze, weiße und rote Johannisbeeren, saure Stachelbeeren und herrlich süße Erdbeeren waren Vaters ganzer Stolz. Auf seinen Feldpostkarten war seine ständige Sorge zu lesen, daß Mutter ja die Beeren rechtzeitig pflücke, wegen der Vitamine für die Kinder.
Auch seine ordentliche Buchführung über den Ertrag durfte nicht vernachlässigt werden.

Das Beerenpflücken war eine langweilige Angelegenheit, aber ich hatte bald den Trick heraus, mich vor dieser Pflicht zu drücken. Nach Mutters Meinung wanderten zu viele Beeren in meinen Mund und zu wenige in die Schüssel. Hinterher, sagte Mutter, nach dem Wiegen, kannst du essen, soviel du willst. Aber da wollte ich nicht mehr. Nach kurzer Zeit hatte sie mehrere Schüsseln voll, und ihre Nase auch, da ich nur ein paar Beeren vorweisen konnte. Sie schickte mich endlich weg.
In einem Kriegsjahr fiel die von uns langerwartete Erdbeerernte aus – wegen einer Kuh! Sie stand mitten in unserem Beet, als wir durch die Gartentüre traten. Genüßlich schob das Hornvieh Ober- und Unterkiefer hin und her. Aus ihrem Maul trieften lange, rote Saftfäden. Nachdem wir uns von dem ersten Schrecken erholt hatten, trieben wir erst mal das Rindvieh Richtung Tor zum Garten hinaus. Das war gar nicht so leicht.
Wie kam aber die Kuh in den geschlossenen Garten?
Das war einfach. Mutter hatte nämlich einen Bauern im Dorf beauftragt, die große Wiese zu mähen, da sie selbst nicht mit der Sense umgehen konnte. Doch anstatt zu mähen, brachte der schlaue Bauer seine Kuh selbst in den Garten, und der schmeckten offensichtlich die Erdbeeren vorzüglich.
Mit dem Ernten war es für dieses Mal nichts. Aber ich hatte ja noch die Erdbeeren von meiner Großmutter, die mir sowieso besser schmeckten, weil ich sie nicht selbst pflücken mußte.

Königin von Dänemark', ‚Henri Martin' und ‚Mme Hardy' fügen sich natürlich ein zwischen einheimischen Sträuchern.

Links: Ein geeigneter Platz zum Träumen und Beobachten der Vögel ist dieses Refugium.

Rechte Seite: Einen Sommer lang wartete das ROTKEHLCHEN jeden Morgen auf diesem Rosenzweig auf seine Sonderzuteilung an Futter.

Eine Wohnung nicht nur für Stare

Aus dem Beerengarten wurde später ein grüner „Sportrasen". Ich glaube, das war in den fünfziger Jahren große Mode.
Aber der Wald holte sich bald seinen Bereich zurück. Moos und weißer Klee sind das einzige, was sich hier noch zeigt, und ich zögere lange mit dem Mähen, da die Bienen fleißig Nektar aus den Kleeblumen holen. Wir sitzen gern in diesem Refugium. Den Blick auf die grünen Horizonte gerichtet, gibt es uns ein Gefühl von Frieden und Ausgeglichenheit: ein geeigneter Platz zum Träumen und zum Beobachten der Vögel, die sich durch unsere Gegenwart nicht stören lassen, wenn wir uns ruhig verhalten.
Ein Trauerfliegenschnäpper-Pärchen brütete vor Jahren in einer vom Specht vorgezimmerten Höhle im Stamm einer Eberesche. Im Jahr darauf zog eine Blaumeisenfamilie ein.
Aber seit Jahren halten Stare diese allseits beliebte Wohnung vehement besetzt. Zwei Stockwerke und zwei separate Eingänge hat inzwischen diese Maisonette bekommen. Ins obere Loch fliegt der Star laut kreischend mit einem Wurm hinein, beim unteren Ausgang kommt er krächzend und mit einem Kotballen seines Jungen im Schnabel wieder heraus.
Die Stare sind die ersten im Frühling. Sie treiben alle hinaus, die versuchen, die schöne Höhle zu besetzen. Die Trauerfliegenschnäpper treffen erst in den frühen, schönen Maitagen hier ein. Fast alle Nisthöhlen, die natürlichen

wie die künstlichen, sind dann schon besetzt, von Staren, Meisen oder vom Kleiber. Angeblich vertreiben Trauerschnäpper mit schnalzenden Tönen die Höhlenbewohner aus ihrer Behausung. Von meinen Trauerschnäppern weiß ich es anders. Sie ließen sich nie in einen Disput ein, sie flogen einfach wieder weiter.
Jetzt spiele ich jedes Frühjahr ein bißchen Schicksal. Ich nehme einen der Kästen vom Baum ab, und hänge ihn erst Anfang Mai wieder an den Stamm. In manchen Jahren klappt es, vorausgesetzt, das Trauerschnäpper-Weibchen akzeptiert die Wohnung und deren Umgebung.

Ein verzaubertes Idyll

Zwischen alten Apfelbäumen, eingebettet in die Natur, steht im sonnigen Teil des Gartens ein schmalbrüstiges kleines Haus. Es wirkt, wie einmal eine alte Nachbarin meinte, als wäre es schon immer hier gewesen.
Begrünt und blühend bis unters Dach, steht es in vollkommenem Einklang zum Garten. Durch Wildwuchs verwandelt sich beides in ein liebenswertes, verzaubertes Idyll.

Hohe Fenstertüren holen optisch den Garten ins Haus, und jedes Detail der Sprossenfenster wirkt im Rhythmus der Jahreszeiten wie ein Bild im Wechselrahmen.
An der Süd- und Westseite des Hauses, da wo andere ihre Terrasse haben, blüht es bei uns bis ans Fenster. Wir sitzen am Frühstückstisch mitten zwischen Rosen und Stauden und beobachten die Vögel, wie sie an Zweigen und Blättern picken. Da liebe ich selbst einen Regentag.
Sitzplätze für einen Plausch oder zum Kaffeetrinken, sofern einem Gärtner dafür Zeit bleibt, gibt es überall im Garten. Apfelbäume sind unsere natürlichen Schattenspender, und der Kuchen schmeckt uns unterm Apfelbaum wesentlich besser als unterm Sonnenschirm. Ab und zu sitzen kleine Zuschauer über uns in den Ästen.
Mönchs- und Gartengrasmücken schlüpfen wendig zwischen den Zweigen hindurch. Sie picken Insekten von den Apfelblüten, und unterbrechen ständig ihre schwatzenden Töne und flötenden Liedstrophen, in denen die ganze Heiterkeit des Frühlings klingt. „Grasschlüpferin“ bedeutet eigentlich ihr Name und hat nichts mit Mücken zu tun. Es geht auf das althochdeutsche Wort ‚grasa smucka‘ zurück. Und in der Tat, mit welcher Eleganz sie durch die Zweige der Büsche schlüpfen, das hat etwas Schmiegendes an sich. Im Sommer, wenn wir unter der sengenden Hitze stöhnen und alle anderen Vögel verstummt sind, dann singen die Grasmükken noch. Besser gesagt, sie tragen nur einen Teil ihres Flötenliedes vor. Die letzte „Strophe“, der Überschlag, das Jubilate fehlt. Der Gesang klingt nicht mehr so fröhlich wie im Frühling.
Am wenigsten lassen sich Sommer- und Wintergoldhähnchen, die kleinsten unserer heimischen Vögel, stören. Selbst vor unseren Hunden haben sie keine Scheu. Sie nehmen uns einfach gar nicht zur Kenntnis.
Im Spätsommer sitzen wir unter den reifenden Äpfeln. Sie duften nach Kindertagen. Der Vater hat die Bäume gepflanzt und gepflegt, hat eifrig die spärliche Ernte gewogen und das Resultat voller Stolz notiert. Und wir ernten jetzt den reichlichen Apfelsegen. Freunde müssen uns beim Auflesen und Aufessen helfen. Was übrig bleibt, gehört den Vögeln für den Winter.

Der „Froschkönigbrunnen“ ist eine einzementierte Wanne. Eine Kette von der Dachrinne leitet das Wasser ein.

Der dazugehörige „Froschkönig“. Der Brunnen ist Sammelplatz für mehrere Grasfrösche und Kröten.

Anstelle einer Terrasse blühen Rosen bis an die Fenstertüren des Hauses.

Die Veilchen

Viola odorata – Polster aus duftenden Veilchen zwischen kahlen Rosenstengeln haben die langweiligen Aubrietien verdrängt, die Blaukissen, die den ganzen Frühling lang vorgeben, alle Gärten zu schmücken.
Die Veilchen schaffen sich mit kräftigen Füßen ringsum Platz. Ameisen, die hier im Sommer ihre Blattläuse auf den Rosenblättern pflegten, haben die Samen der Frühlingsblüher als Nahrung hierher in ihre Baue geschleppt.
Arabische Dichter verglichen das Veilchen mit den Augen der Geliebten. Überall sehen mich die violetten Blumengesichter an. Vor diesen Wohlriechenden Veilchen lege ich mich sogar auf die Erde, um meine Nase in die blühenden Duftkissen zu stecken.
Ich erzähle Marie von der urtümlichen Symbolik des Veilchens. Von den Menschen, die vor Tausenden von Jahren Zusammenhänge zwischen den Gestirnen des Himmels und den Geschehnissen auf der Erde sahen. Sie ordneten Blumen, Früchte und Bäume den Sternen zu. Sonnenblume, Rosmarin und Ringelblume das Symbol der Sonne; Schlafmohn und Iriswurzeln waren durch Boten überreichte Erkennungszeichen des Mondes; Enzian und Weißdorn die des Mars. Die lieblichen Blumen wie Akelei, Primel und Veilchen standen dem Abend- und Morgenstern Venus zu.
Symbolpflanze des Monats März ist seit altersher das Veilchen.
Marie hilft mir, die Ausläufer und Tochterrosetten bildenden Veilchenpolster auszulichten. Wir verteilen sie an anderen Plätzen, überall dort, wo die Sonne sie wärmt, und machen gemeinsam unsere Erfahrungen, wo es ihnen behagt.
Marie beschenkt Omas und Tanten mit Veilchen, streut auch die Samen aus. Ähnlich wie Hofrat Goethe auf seinen Spaziergängen für deren Verbreitung sorgte.
Veilchen und weiße Rose sind die Blumen ihres Tierkreiszeichens, der Waage. Die Blaukissen im Garten von Maries Mutter mußten weichen. Allerdings nicht immer zu deren uneingeschränkter Freude. Marie faßte alle Blumen- und Gemüsebeete mit Veilchen ein. Nun blüht und duftet es nach den Märzveilchen wie in alten Bauerngärten.

Damals holten auch die Gärtnerinnen diese Blumen von den Wegrainen und Waldrändern, setzten sie teils als Heilpflanzen, teils als Schmuck in ihre Beete. Leider haben auch die Schnecken die grünen Blätter zum Fressen gern.
„Wenn nun keine Veilchenblätter mehr da sind", sagt Marie, „werden sie wohl über Mamas Salat herfallen."
Sie bewacht deshalb jede freie Minute standhaft ihre Veilchen, wie weiland der legendäre Grenadier der russischen Zarin Katharina der Großen. Er hatte von ihr den Befehl erhalten, ein Veilchen zu bewachen, und tat dies – ich glaube, bis in alle Ewigkeit.
Früher lebten die Menschen mehr in Gleichnissen. Die Veilchen – Sinnbild für Bescheidenheit und Treue – gehörten zu den Lieblingsblumen meines Großvaters. Jedes Jahr im Frühling war er der erste bei der Blumenfrau. Er holte sich seine duftenden violetten Sträußchen ab. Alle, die ihm etwas bedeuteten, bedachte er mit Veilchen. Das brachte ihm den Namen Veilchenprofessor ein. Großmutter bekam zu jedem Hochzeitstag ein Sträußchen von ihrem Mann verehrt, und das seit ihrer Veilchenhochzeit – der fünften Wiederkehr des Hochzeitstages. Es war für sie mehr als nur ein Symbol. Alle Blüten bewahrte sie getrocknet in einer großen Kristallschale auf.
Als Großvater starb, müßten es mehr als vierzig Veilchensträuße gewesen sein. Die ältesten in antikem Grau, zerfranst und zerzaust. Wenn man sie berührte, zerfielen sie zu Staub.
Die Veilchen auf dem Grab meiner Großeltern blühen früher, reichlicher als bei mir, in meinem Garten.

Duftende Dichternarzissen *(Narcissus poeticus)* breiten sich auf Wiesenflächen aus.

Philipp, ein Flöte spielender Pan

Es ist die Zeit der Buschwindröschen, die Zeit, in der die Rotkehlchen zu brüten beginnen.
„Die Rotkehlchen sehen auf der Waldwiese, die Buschwindröschen blühen", sagt Marie, „und dann wissen sie, daß sie jetzt brüten müssen. Das sind die Bauernregeln der Vögel. Wir sehen die Blumen im März blühen, und wissen, jetzt ist es Zeit zu säen."

Wir sitzen auf einer dicken Wurzel unter der Linde. Philipp, ihr Freund, mit dem sie oft in den Osterferien auf den Ponies zu uns geritten kommt, lehnt am Stamm. Ein Knie hochgezogen und den Fuß gegen den Baum gestemmt, entlockt er seiner Flöte leise Vogelstimmen. Kohlmeisen sind die ersten, die angeflogen kommen. Sie hangeln in den Zweigen im Heckenbeerenstrauch vor uns, recken ihre Köpfchen neugierig nach vorn, drehen sie zur Seite, und beäugen den Jungen. Sie hüpfen hinunter ins Moos und wagen sich immer näher heran. Ein Rotkehlchen sieht den Jungen als Eindringling an. Ein Protestlied, feurig und leidenschaftlich, soll den vermeintlichen Rivalen aus seinem

Buschwindröschen zeigen uns die beginnende Brutzeit der Rotkehlchen an.

Im Gesang der Gartengrasmücke liegt der jubelnde Klang des Frühlings.

Revier vertreiben. Aber selbst beim Singen entgeht ihm kein Insekt am Boden. Zwischen den Strophen stößt es plötzlich hinunter, pickt schnell eine Raupe, eine Fliege oder eine ‚Nonne' – einen aus dem Laub gescheuchten, flatternden Nachtfalter – setzt sich sofort wieder mit seinem Beutetier in den Busch und singt mit vollem Schnabel weiter.

Der Junge ahmt das Flötenkonzert einer Mönchsgrasmücke nach, beginnt ihr leises Geschwätz zu imitieren, ein Rezitativ, das dann *a tempo* in einen Überschlag der Flötenstrophe mündet. Jetzt ist das Lied des Rotkehlchens nicht mehr aggressiv. Es erkennt in diesen Tönen nicht mehr einen Konkurrenten. Am zweiten Tag pickt es Philipp Würmchen aus der Hand, sobald er mit der Flöte auftaucht. Es folgt ihm auf seinem Weg, fliegt von Strauch zu Strauch voraus und läßt mehrere weiche Stimmungslaute hören. Philipp holt seine Panflöte heraus, zieht sie durch seine Lippen. Mozarts Vogelfängerlied, quirlige lustige Pfeiftöne, und der kleine Vogel stimmt ein in das seelenvolle Rotkehlchenlied. Eine Koloratur in Moll, ein Jubilate, dann eine abwärts perlende Tonreihe. Beethoven hat die Töne in seiner Pastorale eingesetzt; die Szene am Bach hat er dem Rotkehlchenlied abgelauscht.

Philipp, oder Phil wie ihn Marie nennt, ist ein seltsamer Junge, introvertiert, mit unkindlichem Gesichtsausdruck, die Brille verleiht ihm noch etwas streng Lehrerhaftes. Doch nie habe ich eine so spürbare Nähe eines Kindes zu Tieren erlebt. Seine selbstgebaute „Flöte" legt

er kaum aus der Hand, eine einfache kurze und eine Panflöte. Eine ist immer griffbereit in der Hosentasche.
Eine eigentümliche Faszination geht vom Klang seiner Flöte aus. Es ist kein Kantabile, nicht in Noten zu fassen, aber die sanften Flötentöne sind so einprägsam, daß sie mich Tag und Nacht nicht mehr loslassen. Die Imitation eines Vogelgesangs – nachgeahmte Vogelstimmen; Phil ist für mich zu einer neuen Spezies der Spottvögel geworden. Vögel, die andere Artgenossen oder auch Geräusche in ihren Gesängen nachahmen. So wie der Star, die Amsel, der Gelbspötter und der Eichelhäher.
Vater schnitzte mir früher Pfeifen aus Weidenholz. Doch was da aus meinem Pfeifchen quoll, waren Spucke und Wind. Auch mal ein gräßlich schriller Pfiff. Die Vögel rissen wohl eher aus. Mühelos ist eine Pfeife aus den Hölzern mit weichem Mark zu basteln. Weide, Holunder sind geeignet, auch Flieder *(Syringa vulgaris)* und Falscher Jasmin *(Philadelphus)*. Aus den letzteren schnitzte man in der Türkei Flöten, und lange Zeit wurden beide Gehölze früher Syringa genannt.
All diese Hölzer stehen vor meiner Tür. Aber bis heute habe ich Phils Kunstfertigkeit nicht erreicht, solch samtene Flötentöne wie er sie hervorbringt, meinen Röhrchen zu entlocken. Phil ist mir unbedingt überlegen. Seine Syrinx – das griechische Wort für Panflöte, aber auch der untere Kehlkopf des Vogels, das Stimmorgan, wird so genannt – baute Phil sich aus verschieden langen Bambusröhrchen. Eine bunte Kordel hält sie zusammen.

Beethoven hat die flötenden Töne des Rotkehlchengesangs in seiner Pastorale eingesetzt.

Pan, der arkadische Hirtengott, machte sich seine Flöte aus den Schilfrohren, in die die vor ihm fliehende Nymphe Syrinx von den Naiaden verwandelt wurde. Er band die Rohre aneinander, und es entstand daraus eine Flöte mit sieben ungleichen Enden, die Syrinx oder Panflöte.
Phil geht den Tieren flötespielend voraus. Er hat etwas von einem Pan. Nicht der Bockfüßige, Gehörnte, mit Nymphen Schabernacktreibende, vor dem alles in panischer Angst floh. Er ist ein kleiner Faun, der Zwiesprache ringsum mit Fauna und Flora hält.

Unten rechts: Das Rotkehlchen sitzt mit einem Wurm im Schnabel auf dem Schopf eines Pfaus aus Majolika. Wenn das Vögelchen merkt, daß es beobachtet wird, fliegt es im Zickzack durch die Büsche, um den Platz seines Nestes nicht zu verraten.

Unten links: Die Vögel, nicht nur die Kohlmeisen, sind so zutraulich, daß sie sich auch nicht durch die Nähe des kleinen Hundes stören lassen.

Der Klang eines plätschernden Brunnens kann sehr beruhigend wirken. Ringsum ist das kleine Wasserbecken hauptsächlich mit blattzierenden Pflanzen bewachsen: Funklilie *(Hosta),* Japananemone *(Anemone japonicum),* Elfenblume *(Epimedium)* und Wachsglocke *(Kirengeshoma).* Das gefüllte Schöllkraut hat sich selbst diesen Platz ausgesucht.

Oben: Ein riesiger Pilz am Baumstumpf eines Apfelbaumes.

Unten: Märzenbecher brauchen den Humus des Laubes. Wo es ihnen gefällt, breiten sie sich aus.

Schneeglöckchen und Anemonen

Es duftet nach Erde und Pilzen; die Zeit des Wartens auf die ersten Blumen, die Zeit der Erwartung. Die Lockrufe der Tannenmeisen hören sich an wie in die Luft gemeißelt. Der Kleiber pfeift wie ein Schusterjunge. Ich finde Flechten und frisches, grünes Moos an faserigen Rindenteilen und dürrem Holz. Der letzte Sturm hat sie heruntergerissen. Es ist seltsam, jetzt im Februar Saftiggrünes zu finden. Nur an älteren Bäumen wachsen Flechten und Moose an Zweigen und Ästen.
Die Vögel lockern die morschen Rinden, wenn sie nach überwinternden Insekten suchen. Zaunkönig, Garten- und Wald-

Die schwarzgrauen Tannenmeisen ziehen im Winter umher, um sich Futter zu suchen. Sie kommen in dieser Jahreszeit zahlreich in den Garten. Im Sommer leben sie in Nadelwäldern.

baumläufer nähren sich in harten Zeiten sogar von Flechtenteilchen.
Marie sammelt sie, hortet sie in dem kleinen ungeheizten Gartenhäuschen, und sie ist enttäuscht, weil das Moos und die Flechten bald ihre Frische und Farbe verlieren.
Die Schneeglöckchen blühen, ‚Milchblume im Schnee' findet Marie hübscher, seit ich ihr den Blumennamen *Galanthus nivalis* erklärt habe. In den lichten Wäldern und Wiesen Mitteleuropas waren sie von jeher zu Hause.
Als Schmuckpflanzen kamen sie relativ spät in die Gärten. Gartenmönche und Kräuterhexen hatten keinerlei Verwendung als Arznei für die hübschen Blumen.
In der Naturheilkunde aber ist *Galanthus nivalis* auch heute noch ein altbewährtes Heilmittel bei Herzstolpern. Schneeglöckchen heißt es erst seit etwa zweihundert Jahren, erzähle ich Marie. Im 16. Jahrhundert, so steht es in der Niederschrift eines Botanikers, der den Garten des damaligen Fürst-

bischofs von Speyer betreute, wurde es noch ‚Sommerthürlein' und ‚weiß Hornungblume' genannt.
Und ‚Sommernarr' nannte man es noch, weiß Marie. So steht's in Andersens Märchen:
Ein Mädchen narrte seinen Liebhaber, machte den Armen zum Sommernarren, genau wie das gutgläubige Schneeglöckchen von der warmen Wintersonne betört wird. Und eines Nachts muß es im schlimmen Frost erfrieren.
Schneeglöckchen, Sommerthürlein, Sommernarr und schneeweiße Milchblume. Außerhalb der Gärten wurden sie weniger. So ergeht es vielen Wildpflanzen. Bald sind nur noch die Gärten ein Hort für gefährdete Pflanzen und Tiere.
Der Volksmund nennt in unserer Gegend das Leberblümchen ‚Josephsblümchen'. „Es blüht um den Namenstag des Heiligen Joseph, am 23. März", erklärt Marie.
Doch leicht trägt Anemos – der Wind – die blauen Blütenblätter davon.
Anemone hepatica, das Leberblümchen, das ein altes Volksheilmittel gegen Leberleiden war, sucht sich seinen Standort lieber selbst, so scheint mir. Es läßt sich nicht bereitwillig an den Ort verpflanzen, an dem ich es gerne blühen sähe.
Die Buschwindröschen, so behauptete Plinius, öffnen sich unter dem Windhauch.
Sie sind Sonnenanbeterinnen. Im Zeitrafferbild gesehen, wenden alle gleichzeitig mit der wandernden Sonne ihre Blumengesichter von Ost nach West.
Die Nymphe Anemone lebte im Kreise von Chloris, der griechischen Göttin der Blumen. Chloris' Gemahl Zephir, der Westwind, streute die Samen ihrer Blumen aus. Als Zephir die liebliche Nymphe Anemone sah, verliebte er sich in sie. Das konnte nicht gutgehen.
Chloris blieb die Turtelei nicht verborgen. Sie verbannte deshalb Anemone.
Der unglücklich verliebte Zephir aber bat Aphrodite, sie möge die schöne Nymphe in eine Blume verwandeln.
Doch als Blume konnte Anemone nur noch einmal im Jahr blühen. Und Zephir verlor sein Interesse an ihr.
Aber da war noch Zephirs Bruder Boreas, der Nordwind. Er zupfte ihre Blütensterne aus: Das war seine Art von Liebe.
Und seitdem siecht die Anemone dahin, wenn der Nordwind über sie streicht.

Oben: Leberblümchen, Buschwindröschen, Lerchensporn und Waldveilchen, diese ganze Waldsaumgesellschaft braucht den Humus des liegengelassenen Laubes.

Links: Die Buschwindröschen *(Anemone nemorosa)* öffnen sich unter dem Frühlingswind. Sie sind ausgesprochene Sonnenanbeterinnen. An trüben Tagen schließen sie ihre liebliche Blüten. Erscheint das erste Laub an den Bäumen, dann verblühen sie.

Seite 56: Der Zaungiersch, auch Geißfuß genannt, ist ein unausrottbares Unkraut. Doch hat man sich einmal mit ihm abgefunden, so schätzt man auch seine lukullischen Seiten.

Giersch, nichts als Giersch

Mit den Buschwindröschen zusammen blüht der Waldsauerklee. Kinder kauen gern die säuerlich schmeckenden Kleeblätter. Aber Vorsicht, Marie! In größeren Mengen sind die Kleesalze giftig. Weißblühend, mit grünen, dreizähligen Kleeblättern, gleichsam Dreiergespannen, stößt das Korps unter dem Maschendrahtzaun hervor, und besetzt bald das ganze Waldgebiet. Es erobert nur ihm zusagende Standorte, Schattenlagen. In sonniges Distrikt von *Vinca minor,* dem kleinen Immergrün, und den Anemonen dringen die Sauerkleebataillone nicht vor.
Lerchensporn und Anemone, Waldveilchen und Märzenbecher, diese ganze Waldsaumgesellschaft braucht den Humus des liegengelassenen Laubes.
Anemonen, Sauerklee und Immergrün, ein bezauberndes *Corps de ballet,* der Giersch hingegen, ein Armeekorps von großer Truppenstärke, ist zerstörerisch und unanfechtbar.
Dieser Zaungiersch, auch Geißfuß genannt, ist eine Strafe für jeden Gärtner. Täglich zischte ich das zwischen meinen Zähnen hindurch.
Nichts, aber auch gar nichts macht ihm den Garaus.
Man muß dem Giersch eine Attacke reiten!
Mit dem Spaten lauter Erdwürfel ausstechend, dann mit bloßen Händen den

Lehm zerbröselnd, um auch das kleinste Gierschwürzelchen zu entfernen, verbrachte ich Nachmittage, Wochentage, Sonntage. Auf allen vieren rückte ich zentimeterweise mit einer spitzen, kleinen Gartenschaufel den weißen Rhizomen zuleibe. So, dachte ich, jetzt wächst hier kein Giersch mehr. Meine große Zuversicht war leider verfrüht. Der Geißfuß bedankte sich für den schönen, lockeren Boden und verdoppelte noch seine Anstrengungen. Ein Meer von Gierschblättern war im nächsten Jahr die Folge. Ein kluggemeinter Tip aus einer Gartenzeitschrift brachte auch nichts: „Man grabe ein Loch, lege schwarze Teichfolie hinein (keine Wurzel wird die Folie durchstechen), und tue eine Schicht neue gute Gartenerde aus der Gärtnerei hinein." Der Giersch wanderte nach einem Jahr von der Seite her in das Beet mit der herrlichen Erde. Und der Giersch ließ grüßen – siehe oben. Es half kein noch so gut vorbereiteter Feldzug. Über Giersch las ich nun keine Gartentips mehr. Ich schaute von den eintönigen grünen Blattbeeten weg. Wenn ich nicht hinsah, ärgerte ich mich nicht. Dann, ein ‚*Deus ex machina*', in Gestalt einer gierschblattkauenden Marie. Wir essen das Unkraut einfach auf! Davon wird es zwar nicht weniger, wahrscheinlich rege ich sogar mit dem Pflücken der Blattstiele noch das Wachstum der grünen Überlebenskünstler an. Wenn im Frühjahr die ersten hellgrünen, glänzenden Blättchen aus dem Boden sprießen, dann schnalzt meine Zunge aus Vorfreude der nun einsetzenden Gierschschlemmermahle.

Gierschrahmsuppe, eine kulinarische Erfindung meines Mannes. Gierschgemüse, Giersch roh, fein geschnitten auf Salat garniert, Giersch mit Schafskäse in Hirsepfannkuchen gerollt. Freunde kommen zuhauf, Gaumenfreuden zu feiern. Statt Blumensträußen erhalten sie noch Sträuße von Giersch – für Suppen und Salate. Wer kocht die beste Gierschmahlzeit? Ein Wettstreit zwischen Köchinnen und Köchen. Der Prämierte servierte ein Giersch-Allerlei. Auf die einfachste Idee war von den Kandidaten bis jetzt noch keiner gekommen.

Von nun an nennen wir dieses köstliche Kraut nur noch bei seinem wissenschaftlichen Namen: *Aegopodium podagraria.* Podagra bedeutet Fußgicht, wie jeder Lateinkundige weiß. Schon damals, vor zweitausend Jahren, war den Fußgichtigen dieses heilende Kraut geradezu eine Götterspeise, genau wie uns Heutigen. Gichtsanatorien und ausgesuchte Drei-Sterne-Restaurants kann ich mit diesem erlesenen Blattgewächs beliefern, mein Garten ist voll davon. Aus Haß wurde langsam Geneigtheit, Wohlwollen.

Es ist kaum vorstellbar: Immer wieder erfahre ich von Gartenbesitzern, die keinen Giersch im Garten haben, ja ihn nicht einmal kennen. Oftmals werde ich sogar um Gierschableger gebeten, angefleht. Niemals, sage ich, ich werde mir doch keine Freundschaft verderben!

Oben: Die rosig-hellvioletten Blüten mit rotbraunen Staubgefäßen der Clematis *‚Hagley Hybrid'* blühen im August an Ost- und Westseite.

Links: „Eine Glockenpagode aus Tibet" nennt Rudolf Borchardt *Thalictrum dipterocarpum*, eine Liebhabersorte der Wiesenraute. Einmal im Garten gepflanzt, erscheint sie an vielen ihr zusagenden Stellen, am liebsten in Rosenbeeten.

Eine bekannte Storchschnabelart *Geranium x endressii.*
Sie breitet sich rasch überall aus.

Die Blütenköpfchen der zarten Wiesenglockenblumen *(Campanula patula)* folgen dem Sonnenschein.

Die Kuckuckslichtnelke *(flos cuculi)* blüht zu der Zeit, wenn bei uns der Kuckuck ruft. Da die Schaumzikade vorzugsweise ihre speichelartigen Schaumklumpen – in denen ihre Larven leben – an dieser Blume anbringt, nannte der Volksmund dieses Schaumgebilde Kuckucksspeichel. Was wiederum den derben Namen „Rotzblume" erklärt, der in manchen bayerischen Gegenden auftaucht.

Links: Eine Rosenpforte am Eingang zum Rosengarten. Die Farben der Rosen variieren nach dem Licht im Garten. Hier wird die zauberhafte Farbenpalette der Blüten um Nuancen gesteigert.

Rechts: Die stattliche Kletterrose mit den lieblichen Blüten der *R.helenae* gibt sich mit dem Schatten einer Eberesche zufrieden.
Vorne links blüht ‚Mme Lauriol de Barny'.

Rosenfieber und Querulanten

Vier Wochen lang feiern alte Rosensorten aus längst vergangenen Tagen ihr rauschendes Blütenfest. Jetzt ist Rosenfieber-Zeit. Jeden Augenblick möchte man den bezaubernden Schönheiten gönnen. In kaum zu bändigender, barocker Blütenfülle biegen sich die Zweige der hochgewachsenen Rosensträucher über die schmalen Wege. In dem Meer von rosafarbenen, roten und weißen Rosenbüschen neigen sich schwelgerisch seufzend die Gesichter der Rosenfreunde, „oh" und „ach wie bezaubernd", über die einzelnen Kelche und Schalen. Tassenförmig, kelchförmig, gefüllte und halbgefüllte Blüten oder einfach blühend, so werden sie eingeordnet.
Wie ein heiteres Sommerlied erscheint der Garten in dieser Zeit der Rosenblüte. Sommers überwiegen die Rosen im rosa Farbenspiel. Die leisen Töne dominieren hier.
Wie das Auf und Ab der Töne eines Liedes ziehen sich die zeichnerisch schwingenden Wege und geben die Melodie. Die Farben setzen die Akkorde. Die Polaritätenfarben des Frühlings, Gelb und Violett, erwecken Freude über das Wiedererwachen der Natur, sie sind auf Dur gesetzt. Die Umkehrung der explosiven Sommerfarben in die herbstliche Harmonie der reifenden Natur,

Braun und Gold, vergleiche ich mit den Molltönen. Farben spiegeln eine erstaunlich breite Skala der Empfindungen wider.
Jedoch habe ich mich noch nie an strenge Regeln von Farbharmonie, die es im Bereich der Gartengestaltung zuhauf gibt, gehalten. Sie erwecken in mir nur Widerstand. Denn alle aufgestellten Normen verlangen nach einer Retourkutsche. Oft werde ich nach Gestaltungsideen gefragt. Aber gerade dieser Bereich läßt der Phantasie so viel Freiraum. Man benötigt nur etwas Mut, seine Lieblingsideen in die Tat umzusetzen.
Als Anfang mal eine Ecke völlig ummodeln. Ist das Resultat nicht nach meiner Vorstellung ausgefallen, ist nicht so viel verloren wie bei einer neuen Wohnzimmereinrichtung, die man nach einiger Zeit nicht mehr sehen kann.
Jeder soll seinen Garten nach seinem Herzen verstehen und anlegen. Was nützen die schönsten Farbvorschläge,

Oben: Das zierliche WINTERGOLDHÄHNCHEN verläßt uns im Winter nicht, im Gegensatz zum Sommergoldhähnchen. Hört man ihr leises ‚Sisisi', so muß man stehenbleiben, um die winzigen Vögel, meist in Nadelbäumen, flattern zu sehen.

Links: Aus dem nördlichen Westchina kam die Wildrose *R.sweginzowii* 1901 nach Europa. Am bekanntesten ist die Sorte ‚Macrocarpa'.

wenn man sich in seinem Reich nicht wohlfühlt. Ich reagiere auf manche Farben oder Farbkombinationen so empfindlich, daß ich Übelkeit verspüre. Deshalb würde ich bestimmt keine Farbvorschläge in meinem Garten verwirklichen, die mir gefühlsmäßig auf den Magen schlagen. Gartengestaltung ist eine unverwechselbare Sprache. Meine Großmutter hatte für alles mögliche die passenden Sprichwörter parat. Sie konnte sie aber auch sprichwörtlich zurechtbiegen, wenn es die augenblickliche Situation erforderte. So mußte auch Goethes vielseitig strapaziertes Zitat herhalten: „Zeige mir deinen Garten, und ich sage dir, wer du bist". Ich denke, Goethe würde ihr die charmante, kleine Verballhornung

An einer Seite der Rosenpforte wächst ‚Veilchenblau', auf der anderen Seite ‚Félicité et Pérpetue', und in der Mitte vermischen sich ihre Farben weiß und violett.

seines Sinnspruchs verziehen haben. Die Rosensträucher in meinem Garten müssen sich nicht an den Rand des Grundstückes wie um eine grüne Rasenauslegeware quetschen. Sie wachsen mitten aus einer Blumenwiese heraus. Wildkräuter und Gräser dürfen sich wieder ihr angestimmtes Areal zurückholen und sich die Beete erobern, in denen die Stauden ihr Alleinrecht beanspruchen wollen. Ich lasse mich gern überraschen, was mir der Wind an blühenden Kostbarkeiten für jede Jahreszeit angeweht hat. Aus einem uniformierten Beet entsteht dann ein Blumenmärchen voller Überraschungen. Die Natur benimmt sich wie ein lausbübischer Querulant. Da passiert es schon mal, daß hie und da eine gelbe Blume wie das Gänsefingerkraut, Schöllkraut oder Johanniskraut die aufgestellten Regeln einer Farbsymphonie über den Haufen werfen. Aber die Wildblumen verhalten sich bescheiden und unaufdringlich; sie stehlen nicht den Königinnen der Blumen die Schau.

Seite 64 und oben: Mit Recht darf sich *R.setipoda* zu den schönsten Wildrosen zählen. Ihre zartrosa Blüten werden von zahlreichen Hummeln besucht. Im Spätsommer trägt dieser Strauch flaschenförmige orangerote Hagebutten.

Oben: Ein bis unters Dach von Rosen eingewachsenes Idyll. Die Ostseite des Hauses wird von den unendlich langen Trieben der Kletterrose ‚Ayrshire Queen' buchstäblich eingehüllt.

Rechts: Die bällchenförmigen Blüten der ‚Ayrshire Queen' sind zartrosa angehaucht.

Von Rosendüften geweckt

Der Duft, der viele Jahrzehnte bei der Rosenzüchtung vernachlässigt wurde, soll von den Kultivateuren und Rosisten wieder „wie mit Lupe und Pinzette" gesucht werden, sofern man sich Duft als etwas Materielles vorstellt. Zumindest verheißen die zahlreichen Anzeigen und Rosenkataloge „duftende Träume". Früher galt der Wohlgeruch einer Rose noch als selbstverständlich. Meine Großmutter, die keinen eigenen Garten besaß, die aber den ihres Hausbesitzers mitgenießen durfte, nahm mich bei den Hochstammrosen immer auf den Arm, damit ich meine Stupsnase in die roten und gelben Rosen stecken konnte.
„Nach was riecht sie denn?" ließ sie mich raten.
„Nach deiner schönen Seife" oder „nach Himbeerpudding". In diesem zarten Alter kann Duft nur Materie sein.
In Erinnerung und Himbeerduft versinke ich heute noch in der Rose ‚Zéphirine Drouhin', dieweil mit einer wesentlich größeren Nase. Die alte Bourbonrose besitzt den Duft und die Farbe dieser sommerlichen süßen Frucht. Unsere ‚Zéphirine' wächst an der südlichen Hauswand empor, klettert bereits um die Ecke, und versucht gemeinsam mit der blaublühenden Clematis ‚Jackmanii' ins Schlafzimmer hineinzuschauen. Von der anderen Seite her beeilt sich eine andere Kletterrose, zusammen mit Efeu und der wilden Clematis ‚alpina', über- und durcheinanderrankend, das Gitter am Fenster zu erreichen. Sanft und beharrlich, von allen überwuchert, verwandeln sie die östliche Hausseite in ein Stück Natur. Jeder kämpft sich durch nach Licht und möchte der erste sein. Augenblicklich ist es die aus der Ackerrose geborene ‚Ayrshire Queen' mit den zart wildrosenduftenden bällchenartigen hellrosa Blüten. Sie und ‚Zéphirine' wecken mich morgens zur Sommerszeit mit ihren berauschenden Düften, während im Frühling vielstimmiges, lautes Vogelkonzert mich zeitig wachruft.

Die zierlichen Glöckchen der CLEMATIS ‚alpina' haben das Gitter am Fenster im oberen Stockwerk erreicht.

Oben: *R.helenae* ist eine ebenso wundervolle und frostresistente Kletterrose wie ‚Ayrshire Queen'. Doch *R.helenae* blüht später. So hat man lange seine Freude an der Rosenpracht. Nach dem Buch „Alte Rosen und Wildrosen" von Jacob/Grimm/Müller ist meine *R.helenae* nicht die reine Art. So, wie die Autoren diese Rose beschreiben, ist sie wahrscheinlich ein Sämling aus dieser, da sie halbgefüllte, zur Mitte hin gelbliche Blüte besitzt. Und gerade das macht sie so reizvoll. Davor blüht leuchtend karminrot die Bourbonrose ‚Vivid'.

Seite 71: Ein jadegrünes Auge blickt aus der Mitte dieser wunderschönen Damaszener-Rose, ‚Mme Hardy', und es hat fast den Anschein, als würde dieses Grün auf das Weiß der Blütenblätter überstrahlen.

Rosenkugeln, Glaskugeln, Traumkugeln, Sonnenkugeln

Sie strahlen heller als tausend Sonnen, schaut man durch ihren gläsernen Körper hindurch ins Sonnenlicht. Gefangene Sonnenstrahlen im eingeschlossenen Raum.
Laß' die Glaskugeln zerspringen, dann hast du immer Sonnenschein, würde Marie sagen.
Sie schenkte mir die erste von diesen verzauberten Kugeln.
„In einem runden Turm, einem Rapunzelturm wie in meinem Märchenbuch, sitzt der Glasbläser in seiner Werkstatt. Er zaubert die schönsten Glaskugeln. Und oben im Turm, da wohnt Rapunzel. Auf der Turmspitze dreht sich ein eiserner Wetterhahn. Er sagt dem Glasbläser, woher der Wind weht."
Wir waren in der Werkstatt, durften dem Glasbläser zusehen, wie er mit kräftigem Atem in ein Glasrohr blies, bis sich an dessen Ende eine Kugel daraus formte. Glitzernd wie eine Seifenblase. Später erhitzte er in der blaugelben Bunsenflamme kleine, farbige Glasteilchen, machte sie weich, und verzierte damit die durchsichtigen Kugeln.
Er ist Glasbläser und Poet dazu. Ein Glaskünstler, der diesen Überbleibseln der Vergangenheit wieder Leben einhaucht. Mystische Glaskugeln zwischen Blumen und Kräutern. Sie sind so alt wie die Rosen in meinem Garten. Vor Jahrhunderten gab es die Kugeln schon. Damit sie Hexen und Dämonen aus den Gärten vertreiben und Unwettergeister in den Gärten keinen Schaden anrichten.
Es sind nicht die gewöhnlichen Kugeln aus dem Gartencenter, farbig spiegelnd, silbern oder golden, wie sie früher in den Bauerngärten standen, „als schöne Vogelscheuchen, die Vögel abhalten sollten, Samen aus den Beeten zu picken", wie Marie erzählt.

Oben: Das reizende Polyantharöschen aus dem Jahre 1901, ‚Katharina Zeimet', bringt den ganzen Sommer Blütenbüschel hervor.

Unten: Eine kapriziöse Rose ist im Jahre 1882 dem amerikanischen Züchter Vick gelungen. Deshalb nannte er die leicht marmorierte Blüte ‚Vicks Caprice'.

„Meine" Rosenkugeln sind außergewöhnliche Märchenkugeln.
Ludwig II., unser geliebter bayerischer Märchenkönig, nannte sie Traumkugeln.
Zwischen Rosen, die den Weg zum Gartenpavillon im Park von Schloß Berg am Starnberger See säumten, standen, auf Holzstäbe gesteckt, seine gläsernen Rosenkugeln.
Schloß Berg, Schauplatz der bayerischen Tragödie am 13. Juni 1886. Dorthin wurde der kranke König gebracht und gefangengehalten. Vorsorglich ordnete man an, alles gefährliche Glas zu entfernen. Auch die Glaskugeln im Park.
Das Leben des Königs fand im Starnberger See auf rätselhafte Weise ein erschütterndes Ende.
Er hatte zuviel Geld für seine Prunkschlösser ausgegeben. Und heute – welche Absurdität – bekommt es der Staat von den Touristen vielfach wieder zurück.
Inmitten vieler Hoheiten, ‚Königin von Dänemark', ‚Reine Victoria', ‚Duchesse de Montebello', neben ‚Cardinal de Richelieu', ‚Belle Isis' stehen meine schönen Rosenkugeln vom oberbayerischen Glasbläser und Poeten irisierend im Sonnenlicht. Ich denke an König Ludwigs Traumkugeln und an eine Erzählung meiner Großmutter. Ihr Leben war in besonderer Weise mit dem bayerischen Märchenkönig verknüpft. Ihr Vater war Bildhauer. König Ludwig gab vielen Künstlern Arbeit und Lohn, Urgroßvater war einer von ihnen, bis zum Tod des Königs. Dann war er brotlos, Kunst wurde nicht mehr gebraucht. In Schloß Linderhof und Herrenchiem-

see sind nicht wenige seiner Arbeiten zu sehen.
Damals, Großmutter war ein kleines Mädchen, ging sie an der Hand ihres Vaters im Englischen Garten in München spazieren. Der junge König Ludwig II. fuhr vorbei. Er ließ die Kutsche anhalten, erkundigte sich nach dem Befinden des Vaters, nach seiner Kunst. Und er gab dem Töchterl Marie die Hand. Sie knickste wohlerzogen. Und weiter? wollte ich von Großmutter wissen. Nichts weiter. Der König stieg in seine Kutsche, winkte und fuhr davon.
Hat deine Großmutter den König öfter gesehen? fragt mich meine Freundin Marie genauso oft, wie ich früher meine Großmutter. Sie mußte mir immer wieder dieselbe Geschichte erzählen. Es gab nur die eine. Großmutter fügte nichts hinzu. Sie flunkerte nicht.

Oben: ‚Königin von Dänemark' ist eine der schönsten Rosen, an Porzellanrosen erinnernd. Die reine rosenrote Farbe ihrer Blüten wird durch das graugrüne Laub noch besonders betont.

Rechts: Die reichblühende Gallica-Rose ‚Agatha Incarnata', die schon vor 1815 in Kultur war, ist ein reichblühender Strauch.

Oben: Wie eine Wolke aus Tüll liegt das SCHLEIERKRAUT *(Gypsophila paniculata)* über den Blumen. Der Weichzeichner verstärkt noch diesen Eindruck.

Rechts: Die Blütenblätter der bezaubernden ‚Mabel Morrison' erinnern an geschmeidigen Satin. Mit dem SALBEI *(Salvia officinalis)* lebt die Rose in schöner Nachbarschaft.

Zaubernamen

Maries Kinderhände streifen im Vorübergehen die Kräuterpflanzen zwischen den Rosensträuchern.
Starkes Aroma würzt *par excellence* den lieblichen süßen Rosenduft. Die zartgliedrigen Strukturen der Kräuterpflanzen bilden einen hübschen Kontrast zu den rundlichen Formen von Rosenblüten und -blättern.
Artemisia, Alchemilla, was sind das für aufregende Zaubernamen. *Lavandula angustifolia, Valeriana officinalis,* das klingt wie Musik.
Zitronenmelisse, Weinraute und Pimpinelle. Alles Pflanzen für das Auge, für die Nase, für den Bauch, und Nektar für die Bienen. Bohnenkraut wächst zu Füßen von ‚Rosa Mundi', Salbei paßt zu ‚Mabel Morrison', ‚Général Kléber' steht dem Heer von Majoran vor. All das soll die Blattläuse fernhalten, zumindest sind sie den Rosenpflanzen ein Labsal. Und ihr Duft läßt mich an die Ziegenweiden Griechenlands denken.
Schnittlauch und Petersilie stehen wie Ziergewächse zwischen ‚Mrs John Laing' und ‚Lady Mary Fitzwilliam', praktischerweise in der Nähe der Küche.
Knoblauch, Borretsch und Lavendel findet man überall inmitten von Rosen.

In SCHLEIERKRAUT und LAVENDELBÜSCHEN wimmelt es von vielerlei Insekten. Beide sind ideale Begleitpflanzen zu Rosen.

Die Blaublütigen

Blaue Blumen, wie zufällig hineingetupft in das rosa Farbenspektakel der Rosen, wirken beruhigend aufs Auge. In der sengenden Sommersonne welken dunkelrote Rosenblüten schnell. Blaue Blüten, silbergraues und graugrünes Blattwerk wirken kühl und erfrischend, als würde man allein schon durch den Anblick ihrer Farbe kühlenden Atem wie Pfefferminze durch Mund und Nase einziehen.
Blaue Blumen spiegeln den Himmel und rücken sie gleichsam in die Ferne. Ein liebenswertes Nichts, nennt Goethe das Blau.
Liebenswerte musikalische Einflüsterungen sind blaue Blumen für mich. Den alten Rosen ist meist ein Hauch von Bläue beigemischt. Samtig blaurot und schwarzrot waren die Rosen bis zur Jahrhundertwende. Leuchtend gelbrote Züchtungen, sagt mein Onkel, der Gartenarchitekt, seien Erfindungen unseres Jahrhunderts. Akeleiblättrige Wiesenraute und Pfirsichblättrige Glockenblumen, den Rosen beigepflanzt, tun sich hervor. Die Glockenblumen wachsen wild im Wald. Der Wind hat sie herübergeweht über den Zaun, auf meine Waldwiese. Ich grub sie aus und pflanzte sie zwischen Rosen. Sie säten sich stark aus. Um ihrer Überfülle Herr zu werden, bekommt ein Teil wieder seinen alten

Platz zugewiesen. Salbei, wir müssen es den Züchtern danken, gibt es in vielen Sorten. Sie blühen blau, rot und weiß, und sie blühen lange. Doch Salbei und Rittersporn sind für mich nur in Blau akzeptabel. Weiße und blaue Ballons steigen aus zartfarbenen Rosen auf: *Platycodon,* die Ballonblume und ,Souvenir de la Malmaison', die Bourbonrose. Die Blütenkörbchen der Skabiosen sehen wie Spitzenvolants von Großmutters Unterrock aus. Silbrigweiße Blätter und dunkelblaue Blütentrauben von *Veronica incana,* Karthäusernelken – die Blumen des Zeus –, und die zahlreichen Bodennester von verschiedenen Nelkenarten, decken die Erde zwischen den Rosen zu. Alle erscheinen zu unterschiedlichen Zeiten. Es gibt kein Ende des Blütenflors.
Die Blüten sind für die Bienen und Hummeln, für die Schmetterlinge. Die trockenen Samenstände sind Nahrung im Winter für Gimpel und Girlitz, für Erlenzeisige und Distelfinken. Walderdbeeren suchen sich selbst ihre Plätze neben Rosen. Sie mögen den lockeren Lehmboden. Und Marie mag die roten köstlichen Früchte.

Rechts oben: *Meconopsis betonicifolia,* ein SCHEINMOHN mit großen reinblauen Blüten, liebt es im Boden von Rhododendren oder Lilien zu stehen. Sie ist eine Liebhaberpflanze; dies aber auch für Schnecken.

Rechts unten: *Geranium himalayense* ,Johnson Blue' heißt dieser prächtige, im Mai blühende STORCHSCHNABEL.

Seite 76: Wie das geheimnisvolle Blau eines Bergsees strahlt diese prachtvolle *Iris sibirica* ,Mountain Lake'.

Die zarten, nickenden Blüten von *Linum perenne,* ein blaues Leinkraut, und *Salvia officinalis* in freundlicher Nachbarschaft zu Rosen.

Skabiosen gibt es in bezaubernden Formen und lieblichen Farben. Sie werden viel von Schmetterlingen und Bienen besucht. Die Sorte ‚Clive Greaves' blüht hell-lobelienblau.

Rechts und Seite 80: Von himmlischen Rosa sind die Blüten von ‚Céleste', auch ‚Celestial' genannt. In der Morgensonne ist die Rose am schönsten. Sie war bereits vor 1795 in Kultur.

Unten: Das beigefügte Blau von verschiedenen Campanula-Arten in rot/weißen Rosen-Pflanzgesellschaften bewährt sich immer. Im Hintergrund blüht die karminrote ‚Apothekerrose' *R.gallica var. officinalis,* die im frühen Mittelalter in Klostergärten als Medizinalpflanze Verwendung fand. Davor die bezaubernde ‚Félicité Parmentier', eine Alba-Rose, deren Blüte beim Aufblühen anfangs am Rand heller ist, und nach der Mitte zu, ein etwas dunkleres Rosa aufweist. So erinnert dieses Röschen an alte gemalte Rosen von Watteau und Boucher.

Die Himmelsrose

Ich stecke Marie eine Rose ins Haar. Es ist eine ‚Célèste'. Unter der gemalten Rose von Pierre Joseph Redouté ist ‚Rosa aurora' zu lesen. Wir nennen ‚Célèste' die Himmelsrose.
Ich sehe Marie mit der Rose im Haar als Kinderengel von Ignaz Günther, obwohl sie eigentlich schon zu groß dafür ist. Die übermütig purzelnden Putten an Deckengewölben und Altären der Rokokokirchen, pausbackig und prall scheinen sie aus den Wolken und aus allen Nähten zu platzen vor himmlischem Glück. Ignaz Günther schuf besonders innige Madonnen und Heiligenfiguren, und viele entzückende Kinderstatuen. Als eines seiner Kinder gestorben war, so wird erzählt, schnitzte er seinen Engelskindern oft eine Rose ins Haar. Die Himmelsrose.
Meine ‚Célèste' steht an der Ostseite des Hauses. Wenn die ersten Strahlen der Morgensonne sie treffen, ist sie am schönsten. Nachmittags würde ich sie hübsch, aber ein wenig langweilig

nennen. (M)ein Sprichwort sagt: ‚Schöne Frauen soll man morgens loben.' Gebündeltes Licht fällt auf einen Tautropfen. Er zittert auf dem rosa Blütenblatt. Der frühe Morgen ist noch kühl. Alles ist mit einem grauen Belag überzogen. Das Gras, das Dach, die Blätter der Rosen. Das Laub von ‚Célèste' erscheint noch grauer. Die zarten Blütenblätter sind bläulichrosa angehaucht. Dann beginnt das Schauspiel: Die Morgensonne kommt über den Wald. Die Patina der Rosenblätter glitzert. Die Rosenblüten öffnen sich, Rosengesichter sehen mich an, wie lächelnde Kinder, die gerade aus einem fröhlichen Traum erwacht sind.
Es ist schön, daß es über Blumen soviele Geschichten gibt. Sie haften im Gemüt. Neue Rosen haben noch keine Geschichten. Erst in fünfzig oder siebzig oder hundert Jahren. Sie müssen erst Geschichte machen. Die vielen Menschen, die ihnen im Laufe der Jahre begegnen, dichten ihnen allerlei an. Und die Legenden werden immer reichlicher, je weiter sie sich vom Geburtsjahr der Rose entfernen.

Die duftlose weiße ‚Frau Karl Druschki' und ihre rassige, jüngere Schwester, die stark duftende ‚Druschki Rubra' in Kombination mit *Salvia nemorosa* ‚Blauhügel'. Im Hintergrund sind noch die, längst braun gewordenen, Hochblätter einer *Euphorbia* sichtbar.

In der Farbe wie Zitroneneis,
erfrischend und kühl
ist das Weiß der Blüten von
'Frau Karl Druschki'.

Frau Karl Druschki

Von der weißen 'Frau Karl Druschki' behauptet man, sie sei blühfaul. Also pflanzte ich sieben Stück in einer Gruppe. Mindestens ein Rosenstock blüht immer. Und wie steht es mit dem Duft der weißen Frau? Den habe der Wind verweht, sagt man. Sie war die Lieblingsrose König Edwards II. von England, erzähle ich allen Leuten. Aber sie ist eine völlig Duftlose, warne ich, als wollte ich meinen Gästen ersparen, sich zu ihr hinabzuneigen, um nach ihrem Duft zu forschen. Und als wollte ich der weißen Rose die Peinlichkeit ersparen, außer Schönheit nichts zu besitzen. Als ich im vorigen nassen Sommer an ihr vorüberging, glaubte ich einen leisen Hauch von Duft in meiner Nase zu verspüren. Benötigt sie denn hohe Luftfeuchtigkeit, tropisches Klima, um ein Düftlein zu verströmen? Oder schämte sie sich einfach?
'Druschki Rubra' dagegen, die jüngere Schwester von 'Frau Karl Druschki', hat den Duft der rassigen Roten.

Die Wappenrose der Stuarts

Immer muß ich an die schaurig poetische Geschichte von ‚Culloden Moor' und dem armen ‚Bonnie Prince Charlie' denken, wenn ich vor dem Rosenstrauch R. x alba ‚Maxima' stehe. Durch die Erzählung erscheint mir der Prinz wie eine märchenhafte Figur. Hübsch, zartgliedrig, in feine Seide gekleidet, schutzbedürftig und von Knappen umgeben.
„Und mit einer weißen Rose an seiner Schottenmütze", ergänzt Marie.
Sie und ihr Freund Phil schenkten im letzten Herbst Herzog Albrecht von Bayern „seine" Wappenrose.
Phil wunderte sich über die Unwissenheit des Stuartnachfolgers. „Was, er kennt nicht mal die Wappenrose der Stuarts?" Und so beschlossen sie, ihm die Rose ‚Maxima', die Rose der Jakobiten (die Parteigänger der 1688 aus England vertriebenen Stuarts) zu bringen.
Ein „Erbe", das im Grunde nichts bedeutet, lediglich eine formale Anwartschaft auf die Throne von England und Schottland. Ein Regent im Exil, der sich Thron und Krone in einer blutigen Schlacht erobern wollte, und ein bayerischer Herzog, der von einem ererbten Thronrecht nichts hat, weil die Monarchie längst abgeschafft wurde.
Ich stelle mir wieder den hübschen Prinzen vor. War er, ja, war er blond oder schwarz?
„Blond", entscheidet Marie für mich.
Phil dagegen ist mehr für schwarzhaarig, das paßt seiner Vorstellung nach besser zu einem Helden.
Der Wildwuchs der Phantasie, gewachsen in den Zeitläuften, treibt wundersame Gebilde.
Weiße Rosen sollen an den Hängen der Bucht geblüht haben, als Prince Charles mit seinem Segelschiff aus dem französischen Exil eintraf. Seine Anhänger aus dem Hochland streuten aus Freude über seine Ankunft die weißen Rosen. Es heißt, daß ‚Bonnie Prince Charlie', von seinen Getreuen liebevoll so genannt, sich eine an seine Mütze gesteckt haben soll.
Phil interessieren andere Dinge mehr: wie sie „zum Teil mit Pferden in die Schlacht gezogen", die englische Krone zurückzuerobern.
In Sagen und Geschichten waren Könige und Fürsten ständig in irgendwelche Schlachten verwickelt. Das langweilte mich als Kind entsetzlich (trotzdem verschlang ich diese Bücher). Die Herrscher

zogen aus, ein anderes Land zu erobern oder ihr eigenes aus Feindeshand wieder zurückzuholen. Die armen Gemahlinnen indes mußten zu Hause sitzen und warten. Was auch sonst.
Die Könige der katholischen Stuarts hatten schon lange Anspruch auf den Thron der protestantischen Engländer erhoben. Nach Maria Stuarts Hinrichtung erhielt zwar ihr Sohn Jakob VI. (Jakob I. der Engländer), als Erbe und Nachfolger Elisabeths die erstrebenswerte englische Krone, aber dessen Nachfolger Charles I. aus dem Hause Stuart, verlor den englischen Thron wieder. Er wurde hingerichtet. Jakob II. versuchte vergeblich, Absolutismus und Katholizismus wieder herzustellen. Nach einer Revolution wurde er als König von England abgesetzt und floh ins Exil nach Frankreich. ‚Bonnie Prince Charlie', sein Enkel, fühlte sich nun berufen, mit einem schottischen Heer das Schicksal herauszufordern. Seine Truppe gelangte bis Derby, etwa 160 Kilometer vor London. Doch von da an war sie vom Pech verfolgt. Rangstreitigkeiten unter den Clans schadeten der Sache der Jakobiten. Sie mußten fliehen.
Im Culloden Moor kam es zur letzten und alles entscheidenden Schlacht.
Das Schlachtfeld jener Tage hat sich bis heute nicht verändert. Ein stilles Moor und Weideland erstreckt sich auf einer

Links: Das reizende ‚Ännchen von Tharau', am Stamm eines Apfelbaumes gepflanzt, blüht in seinem Schatten.

Seite 85: In barocker Blütenfülle liegen die Blüten der Zentifolien-Rose ‚Fantin Latour' auf dem Boden.

großen Fläche, nur vereinzelte Bauernhöfe. In einem Museum dort kann man das grausame Gemetzel nachvollziehen. Die Touristen pilgern dorthin, würden gerne Zuschauer sein, wo einst am 16. April 1776 die englischen Truppen die tapferen Hochländer schlugen. Das englische Regiment unter dem jungen Herzog von Cumberland hatte ein leichtes Spiel mit den schlecht bewaffneten und halb verhungerten Soldaten von ‚Bonnie Prince Charlie'.
Wer nicht bei dem Blutbad sein Leben ließ, wurde hingerichtet oder mußte in die Verbannung.
‚Bonnie Prince Charlie' entkam dem Schlamassel. Er konnte sich nach Frankreich absetzen.
„Und der bayerische Herzog besitzt, ohne daß er etwas dafür tun mußte, die Anwartschaft für Thron und Krone von England und Schottland", entrüstet sich Phil.
Durch Heirat und Blutsverwandschaft wanderte dieses Erbe wie ein Pokal über verschiedene Länder.
‚Bonnie Prince Charlie' starb 1788 in Rom. Der Anspruch der Krone ging zunächst an seinen Bruder, einen Kardinal. Die Hauptlinie der Stuarts war 1807 ausgestorben. Der gesetzliche Erbe und Nachfolger war König Karl von Sardinien. Von seinem nächsten Anwärter, dem Bruder Viktor Emanuel, erhielt dessen älteste Tochter Marie, – die den Herzog von Modena ehelichte – die Rechte.
Nichte Marie Therese, die nun das Erbe erhielt, brachte durch ihre Ehe mit dem bayerischen Konig Ludwig III., den ererbten Titel nach Bayern. Von da an war es ein direkter Weg zu unserem Herzog Albrecht. Die Bayern behalten, was ihnen gehört.
Von Ludwigs Sohn Rupprecht, dem volkstümlichen Kronprinzen, gingen die Rechte nach seinem Tod 1955 auf dessen ältesten Sohn Herzog Albrecht von Bayern über.
Doch wir gingen auch nicht leer aus. Ein Reliefbild König Ludwigs II. aus Nymphenburger Porzellan schenkte der bayerische Herzog den Kindern mit einem Dankesbrief „für die Rose der Stuarts, die wir ihm brachten".
Sie gaben das Porzellanbild mir. „Du hast uns die Geschichte erzählt, und außerdem paßt es zu den Schnitzereien deines Urgroßvaters, der für König Ludwig tätig war", ergänzte Phil.

Oben: Es ist, als tanzten die Blüten von ‚Ghislaine de Féligonde' im spärlichen Licht unter hohen Laubbäumen zur Ballettmusik von „Giselle". Ein zauberhafter Strauch, der, beginnend mit aprikosenfarbenen Knospen und Blüten, dann elfenbeinweiß verblassend, im Juni und Juli seine ganze Schönheit entfaltet. Bis in den Herbst treibt der Busch dann immer neue Blüten nach.
Vorne rechts *Artemisia absinthium samt* sich besonders gern in den Rosenpflanzungen aus. Der aromatische Duft dieses Gewürzes ist an heißen Sommertagen besonders intensiv.

Rechts: Schwebfliegen an den Blüten der ‚Ghislaine de Féligonde'.

La Rose de Marie

Einen Ableger einer echten Bauernrose, noch nie sah ich eine schönere Zentifolie, schenkte Marie dem Rosenmann. Die Rose blühte seit vielen Jahren fast unbeachtet an einer Scheunenwand zwischen Brennesseln und hohem Gras. „Damit du sie mir malst", sagte sie, „und ich im Winter die Rose auch ansehen kann."
Ein guter Tausch.
Rund wie ein „Eisbollen" – auch wieder ein Ausdruck von Marie – ist die Blüte dieser Zentifolie, der Hunderblättrigen, und rosa wie Himbeereis. Der Duft wie ihn nur wenige Zentifolienarten hervorbringen, betörend und süß, von ungeahnter Reinheit. Man muß immer wieder zurückkehren zu dieser Rose, und ihren Wohlgeruch nochmal tief einatmen, um ihn noch lange im Gedächtnis zu behalten.
Und ihr Name?
Sie hat keinen, sagt Marie.
Konträr zu Shakespeares Zitat aus „Romeo und Julia" (‚Was ist ein Name? Was uns Rose heißt, wie es auch hieße, würde lieblich duften') bin ich der Meinung, der Name sagt mir vieles über das Wesen des Benannten aus. Wie soll mein Visavis sonst wissen, von welchem Schmetterling, welchem Gras, welcher Blume ich spreche?
„Wir geben ihr selber einen Namen". Maries Vorschlag ist nicht schlecht.

Wie soll sie heißen? Rose Marie? Solange kein Kompetenter auftaucht und mir den richtigen botanischen oder Züchternamen beweist, heißt die Bauernzentifolie für den Rosenmann und für mich: ‚La Rose de Marie'.

‚Sissinghurst-Castle', im Garten der englischen Schriftstellerin Victoria Sackville-West gefunden, stützt sich am Rosenbogen, über den sich die Rose ‚Ayrshire Queen' spannt.
Im Hintergrund schlingen sich die Zweige von ‚Magnifica' und einem Pfeifenstrauch *(Philadelphus)* ineinander.

Die Rosengasse

Ein altes Straßenschild in meinem Garten erzählt von der Vergangenheit: Von Rosen an langen Spalieren, an Rankgerüsten, von Blumenteppichen und Blütenfontänen in vier Augsburger Lust- und Blumengärten eines Ratsdieners und Geschichtsschreibers, Paul Hektor Mair. Er lebte hier bis 1579.
Ein Blumenfreund, ein Rosenliebhaber empfing inmitten dieser Rosenpracht Gleichgesinnte und „burger des Rats", und sie trafen sich zu Gartengesellschaften. Es war die Zeit, da reiche Kaufleute neue, teilweise exotische Blumen aus fernen Ländern mitbrachten. Die Mode, Lustgärten anzulegen, kam Mitte des 16. Jahrhunderts aus Italien. Außer Rosen liebte der Augsburger Ratsdiener aber auch noch Münzen, Silber- und Zinngeschirr. Doch diese Sammelleidenschaft wurde ihm zum Verhängnis. Große Geldschwierigkeiten verführten ihn zu Unterschlagungen von öffentlichen Geldern. Aber anstatt daß ihm dies aus der Klemme half, brachte es ihn vor den Henker. Der ehemals ehrenvolle Augsburger Bürger wurde verurteilt und am 10. Dezember 1579 hingerichtet. Seine Gärten sind verschwunden mit all ihren Rosen. Die Grundstücke wurden als Bauplätze verkauft.
Waren sie, die Lust- und Blumengärten des Augsburger Ratsdieners und Chronisten Mair, so schön wie die Rosengärten im Park von Bagatelle oder L'Hay? Gleichwie, nach den vier Rosengärten, die an dieser Stelle lagen, bekam die Straße den Namen „Rosengasse". Vor einiger Zeit erst erhielt die alte Rosengasse ein modernes Schild. Und was sollte mit dem alten Straßenschild geschehen? „Es gibt nur einen Ort, an den es hingehört", sagte die bekannte Augsburger Mozartpianistin Gertrud Kottermaier. Sie bemühte sich um das antike Blech, luchste es einem anderen Interessenten ab und schenkte es uns.

Oben: In dem großen Strauch der ‚Magnifica' summt es zahlreich von Bienen und Hummeln. Die Zweige dieser Rose duften im Winter zeitweise nach Äpfeln.

Rechts: Die blühenden Rosensträucher geben nur einen schmalen Pfad frei. Links rankt sich ‚Tausendschön' an den Zweigen einer Kiefer empor, daneben wächst ‚Cardinal de Richelieu', gefolgt von ‚Quatre Saison' und der herrlichen Moosrose ‚Henri Martin'. Nach ‚Mme Lauriol de Barny' im Hintergrund, die hier übermannshoch steht, verschwindet der Pfad wieder aus den Augen. Rechts vorn sind noch einige Blüten von ‚Königin von Dänemark' zu sehen und anschließend ‚Mme Hardy'.

Harzig duftende Rosenknospen

Den meisten der alten Rosen wird bedauernd eine einmalige Blütezeit im Jahr zugestanden.
Für mich verzeihlich. Denn die alten Strauchrosen verströmen auch außerhalb der Blütezeit einen einzigartigen Duft.
Viele Male gehe ich durch die Rosengassen und streiche mit den Fingern über die klebrigen Stengel und Knospen, über die moosartigen Öldrüsen der Zentifolien und Moosrosen. Das würzig duftende Harz hält sich lange an meinen Händen, und ich ziehe immer wieder dieses balsamische Parfüm tief ein. Ich kann nicht genug davon bekommen. Je klebriger, desto duftender, sage ich meinen Gästen. Und alle reiben ihre Finger an den Rosensprossen und -blättern. Am meisten bewundern sie den Strauch mit den Napoleonshüten. Die Knospen von ‚Chapeau de Napoléon' ähneln verblüffend dem Dreispitz des berühmten Korsen. Das Aroma ihres „Mooses" ist besonders stark, obwohl die Rose eigentlich zu den Zentifolien zählt. Der Zentifolienduft der Blüten ist voll und süß, und sie ist die einzige, die ihren Duft getrocknet lange behält. Ich habe es ausprobiert. Zuerst spürt man nur den Harzgeruch, aber bald darauf mischt sich das Aroma des Harzes mit dem süßen Duft der Rosenblüte, der sich zum Schluß durchsetzt.

R.centifolia ‚Cristata' ist eine der interessantesten Rosen. In ihrer Blütenform zählt sie zu den schönsten, und ihr Duft ist ebenfalls unübertrefflich. Die petersilienkrausen, grünen Blattauswüchse an den Kelchblättern, verleiten dazu, diese Zentifolie zu den Moosrosen zu zählen. Und gerade diese moosartigen Auswüchse duften besonders balsamisch.

Großmutters bestickte Duftsäckchen

Wenn ich Großmutters Wäscheschrank öffnete, war ich eingenebelt von Lavendel- und Rosenduftwolken. Zwischen satinbändchengebündelten Bettlaken und der Leibwäsche lagen bestickte Duftkissen.
Begreiflicherweise verführten mich die vielen duftenden alten Rosen in meinem Garten, Großmutter nachzueifern. Frühmorgens, wenn der Tau von der Sonne getrocknet war, und die Wärme den Rosen den schönsten Duft entlockte, sammelte ich die Blütenblätter. Eifrig bestickte ich, wie meine Großmutter, Duftsäckchen, die ich mit den getrockneten Blättern füllte. Aber was nützten die schönsten Kreuzstiche! Meine Wäsche hatte keinerlei Rosenduft. Die Schuld gebe ich den modernen, chemisch parfümierten Waschmitteln. Sie lassen keinen anderen Geruch mehr zu. Um ihre gewöhnlich riechenden Duftstoffe in ihren Waschpulvern wie „Aprilfrische" an die Frau zu bringen, schlägt die Werbung Purzelbäume. Dabei duftet die mit gewöhnlicher Seifenlauge behandelte Wäsche wirklich frisch, und die getrockneten Rosen- und Lavendelblüten können ihren Duft entfalten.

R.gallica ist kalkliebend und auch mit mageren Böden zufrieden.

Duftallerlei

Im Winter steht auf unserem Kachelofen eine Duftpotpourri-Schale aus Keramik. Jetzt muß man sich nur noch mit dem Rücken an die warmen Kacheln drükken, vielleicht zusätzlich die Augen schließen, dann wird ein Hauch von Sommerdüften um die Nase streichen. Und durch diese Düfte wachsen die Erinnerungen. Träume sind es von Rosen und natürlich von blauem Himmel und von warmen Sonnentagen. Jedoch ein Blick in die letzte Eintragung meines Rosentagebuches würde genügen: Regenschauer, Platzregen, Wolkenbruch . . . die ganze Rosenblüte ersoffen. Zum Glück vergißt der Mensch das Unangenehme schnell. Und die betörenden Gerüche dieses Duftallerleis verführen uns wieder, die Zahl der, mittlerweile an die fünfhundert, Rosensträucher zu erhöhen.

In unseren Träumen spazieren wir morgens, wenn die Sonne sämtliche Düfte Arabiens wachruft, durch den Garten. Dann sammeln wir, der Rosenmann und ich, Rosenblüten von rosa Zentifolien und roten Moosrosen. Die Blütenblätter breiten wir zum Trocknen auf Papier aus, streuen etwas Salz darüber, geben Nelken, Zimt und Muskatblüte dazu, das Lebkuchengewürz Kardamom – jedoch von allen nur ein Hauch, damit keines der Gewürzaromen hervortritt –, ein wenig Benzoetinktur, Reseda- und Korianderöl, und zum Schluß beträufeln wir das Ganze mit ein paar Spritzern reinen Alkohols. Jetzt sind die Blütenblätter zum Trocknen in einem gut durchlüfteten Raum präpariert. Nach ein paar Tagen füllen wir die geschrumpelten Blätter in ein gut verschließbares Glas, um es, etwa einen Monat lang, gut durchziehen zu lassen. Dann ist das Duftpotpourri fertig. Der Duft läßt sich verlängern, wenn man ein bißchen Wasser nachfüllt.

Um einige Duftvarianten zu erhalten, machen wir uns das Vergnügen und mixen mit verschiedenen Blüten: Jasmin, mit den vanilleduftenden Blüten des Heliotrop, Verbenen und Reseda aus dem Bauerngarten, Rosmarin, kleine Schalenschnitze von Zitrusfrüchten: Pampelmusen, Orangen und Limonen.

Seite 94: Die weithin leuchtenden kirsch-, manchmal purpurroten Blüten der ‚Rose à Parfume de L'Hay' mit ihrem exzellenten Duft, eignen sich ausgezeichnet zum Trocknen für Duftpotpourri.

Rechts: Die lockerrispigen Blütenstände des *Thalictrum* überragen noch den fast 2 m hohen Zentifolienstrauch ‚Juno'.

Links: Zu der bildschönen alten Rose ‚Maiden's Blush', sie existierte schon vor 1629, gesellte sich eine WIESENRAUTE.

Allein schon durch die 35 cm langen, samtig behaarten, graugrünen Blätter erregt dieser effektvolle Strauch, eine Hortensienart *(Hydrangea aspera sargentiana),* vom Frühling bis zum Herbst Aufsehen.

Die flach gewölbten, 30 cm großen Blütendolden der *Hydrangea aspera sargentiana* leuchten außergewöhnlich attraktiv. Ein weißer Kranz von sterilen Randblüten hat die Aufgabe, Insekten anzulocken. Die inneren hellvioletten Blüten sind die wirklichen Nektarspender. Am meisten bevorzugen Bienen und Perlmutterfalter diesen Strauch.

Oben: Der Kaisermantel gehört zur Gattung der Perlmutterfalter. Der im Sommer häufig fliegende Schmetterling liebt besonders lichte Waldplätze und Waldränder. Die Raupen leben im Frühjahr hauptsächlich an Veilchen.

Rechts: Auf Feldern und Wiesen ist der Distelfalter anzutreffen. Die Schmetterlinge lieben die Blüten der Distel. Ihre Raupen leben auf Distelpflanzen und Brennesseln.

Herrliche Blüten bringen die gefüllten Arten der HERBSTZEITLOSEN *(Colchicum)* hervor.

Die gelben Staubgefäße der einfachblühenden HERBSTZEITLOSEN ziehen Bienen an.

Im Spätsommer, wenn morgens der Tau der Nacht im Sonnenlicht glitzert, entdeckt man an vielen Stellen im eigenen Garten die herrlichsten Gebilde der Spinnen. Eine Radnetzspinne hat sich ihr Fangnetz an den Halmen von Binsen und Seggen über dem Teich gespannt.

Im Licht der Morgensonne oder bei Nebel sind die Klebetröpfchen an den Fangfäden besonders gut zu erkennen. Die Spinnen besitzen Wachshaare an den Füßen, dadurch können sie sich mühelos, ohne anzukleben, in ihrem Fangnetz bewegen.

Links: Wer an einem nebelfeuchten Oktobermorgen durch seinen Garten geht, entdeckt eine Vielzahl von Spinnennetzen mit silbern glitzernden Tautropfen an den Fangfäden.

Unten: Von den Baldachinspinnen treten einige Tiere im Frühjahr auf, während andere im Herbst ihre hängemattenartigen Netze bauen. Es handelt sich bei diesen Spinnen um Linyphia-Arten, deren zarte Gewebe oft zahlreich in Hecken und Büschen oder in hohem Gras zu sehen sind. Durch vertikal und horizontal gespannte Stolperfäden über dem Baldachin, sollen Fluginsekten zum Absturz kommen. Die lauernde Spinne holt sich dann ihre Beute aus dem dichten Fangnetz.

Marienfäden spinnen

Mein Traum einer englischen Parknostalgie steht endlich in der für sie lange vorbereiteten schattig dunklen Nische aus Schneeballbüschen: eine Steinbank.
Noch sieht sie kalkweiß aus, aber ich vertraue auf einen feuchten Herbst und Winter unter den Birken und der alten Schwarzerle. Flechten und Moose werden sich bald an dem Stein ansetzen, und die Bank wird rasch patiniert aussehen.
September ist's. Wer als erster frühmorgens durch den Garten geht, wird von Spinnen umgarnt. Lange Marienfäden hängen von Strauch zu Strauch. Tautropfen glitzern wie Glasperlen an kunstvollen Netzen.
Die Nächte sind kühl, feuchter Nebel zieht vom Tal herauf. Zwischen unseren Bäumen bleibt er nur kurz.
Doch so plötzlich wie er kommt, verschwindet er auch wieder, so als spiele er nur ein Versteckspiel.
„Irgendwo, hinter einem Strauch oder einem Baumstamm muß er doch sein", mutmaßt Marie. Als sie ihn dann heute morgen tatsächlich wabernd auf der Oberfläche des Teiches fand, triumphierte sie. „Hierhin also hat er sich verzogen."
Jetzt, am späten Nachmittag, sitzt Marie ruhig neben mir auf der Steinbank. Sie zeigt auf einen Strauch:
„Zwei, nein drei verschiedene junge Vögel jagen einander, spielen Fangen wie Menschenkinder", flüstert sie, „ein Zilpzalp, ein Waldlaubsänger und eine Sumpfmeise."
Dann stoßen zwei junge Rotkehlchen dazu, und alle stieben auseinander, verschwinden im Dickicht. Die roten Beeren haben es den Vögeln angetan. Himbeerrote Pfaffenhütchen – der Strauch erhielt seinen Namen nach dem Aussehen seiner Früchte – hängen im Herbst in leuchtend rotem Laub. ‚Rotkehlchenbrot' nennt man sie auch, weil der kleine rotbrüstige Vogel die Früchte so schätzt.
Im Herbst feiern wir die Farben der Blätter. Der ‚Indianersommer', wie ihn die Nordamerikaner nennen, gefällt mir. Ich brauche keine Blumen mehr. Goldgelb und rot leuchtet das Laub

Wie ein weitmaschiges Einkaufsnetz wirkt dieses zarte Spinnengewebe. Eine Beruhigung für Tierfreunde: Viele schnellfliegende Insekten durchbrechen die Netze bei Berührung.

der Wildrosen, und anstelle der Blüten tragen sie rote und orangefarbene Hagebutten: runde, glänzende oder behaarte, fläschchenförmige und winzige, korallenrote Kügelchen. *Rosa virginiana,* die einfach blühende, hat lodernd gelbes Herbstlaub, während *Rosa virginiana, ‚Plena,* mit dem schönen Synonym ‚Rose d'amour'– wegen ihrer lieblichen gefüllten Blüten – in feurig rotes Laub wechselt. Die Strauchrose ‚Blanc Double de Coubert' ist in Gold, ‚Morlettii' in Rot getaucht.

Jede Jahreszeit hat ihre Schönheiten, und das nie langweilige Wechselspiel stimuliert uns Gärtner. Schneeglöckchen und Tulpen liebe ich im Frühjahr, Rosen sollen Kinder des Hochsommers sein, Astern und Dahlien die des Spätsommers und Chrysanthemen und Herbstzeitlose möchte ich ausschließlich bei Herbststimmung genießen. Nur von den Rosen verlangen viele Hobbygärtner ein Durchblühen vom Frühling bis zum Winter. Ich bin ja nicht prinzipiell gegen ein paar Rosen, die sich auch im Herbst noch Mühe geben zu blühen. Allerdings, die Mühe sieht man ihnen an. Es fehlt ihnen zu dieser Zeit die strahlende Jugend. Der fast senkrechte Schein der Sommersonne schmeichelt den Rosen. Die Schatten sind weich. Das schräge Licht des Herbstes ist sonnenabseitig sehr hart.

Ein Garten lebt vom Licht.

Morgen- und Abenddämmerungen, Mondscheinsommernacht mit fluoreszierenden Rosen und Glühwürmchen, das klingt nach Kitsch, aber das Bild eines Gartens kann so unterschiedlich sein.

Links: Pelzige Hagebutten trägt *R.villosa (R.pomifera)* ‚Duplex'. Apfelrose wird sie genannt, wegen ihrer fleischigen Früchte.

Unten: Bei naßkalter Witterung hängen Nebel- und Regentropfen an Zweigen und Spinnweben oft den ganzen Tag.

Oben: Goldgelb leuchtet im Herbst das Laub, und die verschiedenartigen Früchte der Rosen bringen noch einige Farbtupfer ins Winterbild. Sofern die Vögel von den Hagebutten noch etwas übrig ließen.

Rechts: Flaschenförmig wirken die Hagebutten der *R.moyesii* ‚Geranium'.

Von einer Warte aus beobachten die Rotkehlchen uns Menschen (und auch größere Tiere), da beim Laufen oder bei der Gartenarbeit Gliederfüßer freigelegt werden. Der kleine Vogel stürzt sich dann sofort darauf, nimmt sie mit seinem Schnabel auf und verschluckt sie. Wir wundern uns dann über die „Zahmheit" dieser Vögel. Rotkehlchen zählen zu den bekanntesten und beliebtesten Gartenvögeln.

„Rotkehlchenbrot" nennt man die Früchte des Pfaffenhütchens, da sie im Herbst und Winter vom Rotkehlchen bevorzugt aufgenommen werden. Auch die Beeren des Seidelbast schätzt das Rotkehlchen. Gegen die für uns Menschen giftigen Früchte der beiden Sorten, scheint der Vogel gefeit zu sein.

Die eingefangene Stille

Ein ruhiger herbstlicher Tag ist heute, obwohl, kalendarisch gesehen, noch Sommer ist. Marie und ich sitzen auf der Steinbank und beobachten.
Die faulenden Äpfel im Gras sind magnetischer Anziehungspunkt für Schmetterlinge.
Wir sitzen da und hören. Etwas klatscht ins Wasser. Ein Frosch, ein Apfel? Plötzlich ein unheimliches Fauchen über den Baumwipfeln im Wald. Marie schaut erschrocken. „Ein feuerspeiender Drache!"
Ich grinse nur, ich kenne die Ursache dieses urtümlichen Geräusches. Ein Ballon wird gleich über uns auftauchen. Aber bevor etwas zu sehen ist, machen sofort alle Hunde, meine drei eingeschlossen, einen Riesenspektakel. Das Hundegebell treibt auch sämtliche Laubfrösche nacheinander auf die Barrikaden. Laut quakend mischen sie sich in das aufgeregte Hundegekläff mit ein.
Ich denke jetzt an heute morgen, als ich mit Marie am Teich stand. Wir hörten tief in das Lautlose hinein, genossen die himmlische, die absolute Stille. Nur gelegentlich unterbrachen leise piepsende Vogelstimmchen sie. Es war eine bedingungslose Hingabe an diesen Augenblick.
„Ich möchte die Stille einfangen und aufheben, und bei Bedarf, wenn es besonders laut ist, wieder hervorholen, und mit ‚meiner Stille' den Lärm ‚übertönen'."
Ich denke über Maries Bemerkung nach. Wie oft möchte ich die in einer Schachtel eingefangene, gespeicherte Stille hervorholen.

Einen wahrlich stacheligen Sitzplatz hat sich der Laubfrosch ausgesucht. Zum Glück ist der in manchen Gegenden schon selten gewordene Frosch hier noch sehr häufig.

Oben: Nach der ersten Frostnacht hat dieser *Acer palmatum* sein feurigrotes Blätterkleid fallen gelassen. Der Japanische Fächerahorn ist einzigartig in Farbe und Gestalt.

Links: Im Herbst feiern wir die Farben der Blätter.

Der ZAUNKÖNIG ist der kleinste unserer einheimischen Vögel. Er huscht wie eine Maus umher, verschwindet unter dem Blatt einer Pflanze, taucht wieder auf, stellt sein Schwänzchen steil nach oben, und durch dieses Verhalten wirkt er immer sehr erregt. Mehr hüpfend als fliegend, gelangt er auf eine höhere Warte, von wo aus er sein Liedchen so laut schmettert, daß man es diesem kleinen Vogel nicht zutrauen möchte. Und er singt auch in der kalten Jahreszeit.

Tempus fugit

Marie ist groß geworden. Sie besucht nur noch hie und da den „Rosenmann" und die „Rosenfrau". Ihren Freund Phil mit den Flöten bringt sie selten mit. Sein Flötenspiel fehlt mir. Er will Musik studieren und nicht, wie ich vermutete, Biologie und Zoologie.
Die Zeit eilt. ‚Tempus fugit', sagten die alten Lateiner. Dieses Memento der Vergänglichkeit ist auch auf meiner Sonnenuhr zu lesen.
Mein Mann hat sie für mich angefertigt, und der Schatten ihres Gnomon gibt sogar korrekt die Zeit an. Nur auf die verrückte Sommerzeit läßt sie sich nicht ein. Genau wie ich. Nur Rentner und Rindviecher sind gegen eine Zeitverschiebung, heißt es in einer Studie. Da ich mich noch nicht zu den Rentnern zählen darf, muß ich wohl zur anderen Kategorie gehören.
Im Garten richten wir uns nach der Sonnenuhr und nach den Jahreszeiten. Sagen: Voriges Jahr hatten wir eine ergiebigere Apfelernte; in diesem Sommer sind die Vögel so zahlreich wie noch nie; im nächsten Jahr werden wir die Sträucher wieder auslichten müssen. Und diesen Herbst nehmen wir uns (wie jedes Jahr) vor, zum letzten Mal Rosen zu pflanzen. Weit über fünfhundert sind genug, meinen wir. Aber diesen Vorsatz brauchen wir nicht allzu ernst zu nehmen.

Rotkehlchen sind Teilzieher. Zum Glück überwintern viele Rotkehlchen hier. Für einen Teil der vom hohen Norden in den Süden ziehenden, ist in den milderen Gegenden Deutschlands Endstation. So entgehen wenigstens einige den Vogelfallen in Italien.

Mit dem Garten verwachsen

Das Leben zwischen grünen Büschen und Bäumen ist Leben wie außerhalb der Zeit. Hier fühle ich mich geborgen wie in einem geschlossenen Raum. Und wo es mir gefällt, liebe ich es, eingeschlossen zu sein. Der Garten ist zu einer Rückzugsinsel geworden. Er ist mein Verbündeter.

Die Sträucher sind mir wohlvertraut. Freude und Kummer habe ich ihnen mitgeteilt, ohne Selbstgespräche zu führen. Sie wissen über mein Innenleben Bescheid. Es ist, als neigten sie sich mir zu, eine Art Tropismus, wenn Pflanzen auf eine äußere Reizquelle reagieren. Mit vielen Mühen pflanzte Vater die Bäume und Sträucher. Ich habe sie wachsen sehen und bin mit ihnen gewachsen. Jetzt nach vielen Jahren Beobachtens, Hinhorchens und die meiste Zeit auf allen vieren am Boden kriechend, mit den Fingern in der Erde wühlend, bin ich selbst ein Stück meines Gartens geworden. Maulwürfe, Spitzmäuse und Wühlmäuse halten mich für einen Erdwurm. Sie wissen genau, daß ihnen von meiner Seite nichts passiert. Vom Maulwurf nehme ich dankend die krümelige Erde seiner Haufen, die ich sofort meinen Rosen zu Füßen lege. Die Spitzmäuse sind von Haus aus hervorragende Nützlinge. Die Wühlmäuse, die überlasse ich Zamperl. Wie ein Indianer, mit einem Ohr am Boden lauschend, schiebt er sich mit schiefem Kopf voran, und fängt plötzlich an zu buddeln. Nur sein schwarzes, filziges Hinterteil ist noch zu sehen, dann schwupp! hat er auch schon eine Maus. Stolz legt er sie vor sich hin und erwartet ein Lob. Leider kennt er Wühl- und Spitzmäuse nicht auseinander. Zamperl und ich müssen beim Buddeln sehr viel Ähnlichkeit haben. Nur durch die Farbe unterscheiden wir uns. In meinem Garten bin ich meistens blau oder grün behost.

Waldmäuse ernähren sich von Bucheckern, vielerlei Samen, Insekten und auch von Schnecken.

Links: Mit Künstlerhand schuf der Rauhreif das wie mit Glassplittern eingefaßte Rosenlaub.

Unten: Delikat, wie in Konditorenzucker eingetaucht, sehen die bereiften Hagebutten aus.

Links: Eine geisterhafte Landschaft: Rauhreif am Teich.

Die Winterbilder sprechen für sich. Vergilbte Stengel von Stauden, Gräsern, Blütenköpfe, auch Unkraut, die nicht dem herbstlichen Reinemachen im Garten zum Opfer fielen, bilden zauberhafte winterliche Pflanzstrukturen. Sie bringen in einen schneeweißen wie in einen winterbraunen Garten noch etwas Farbe zu Immergrünem.

Verzeichnis ausgewählter Literatur

Aichele/Schwegler — Blumen am Wegesrand
Kosmos – Franckh'sche Verlagsbuchhandlung Stuttgart 1985

Baer W./Liebhart/Ostenrieder — Augsburger Stadtlexikon: Geschichte, Gesellschaft, Kultur, Recht, Wissenschaft
1. Aufl. – Augsburg
Perlach-Verlag 1985

Bellmann H. — Libellen beobachten und bestimmen
Neumann – Neudamm 1987

Borchardt R. — Der leidenschaftliche Gärtner
Franz Greno Nördlingen 1987

Bronsart H.v. — Aus dem Reich der Blume
Verlag von Wolfgang Jeß Dresden 1934

Buttlar A. v. — Der Landschaftsgarten
DuMont Buchverlag Köln 1989

Chinery M. — Pareys Buch der Insekten
Verlag Paul Parey Hamburg und Berlin

Gerlach R. — Die Gefiederten
Claassen Verlag GmbH Hamburg 1953

Jacob/Grimm/Müller — Alte Rosen und Wildrosen
Eugen Ulmer Stuttgart 1990

Jantzen F. — Amors Pflanzenkunde
Pflanzen im Liebesbrauchtum
Kosmos – Franckh'sche Verlagsbuchhandlung Stuttgart 1980

Jorek N. — Leben am Teich
Belser Verlag Stuttgart und Zürich

Kayser H. — Akróasis Die Lehre von der Harmonik der Welt
Schwabe & Co AG Basel/Stuttgart 4. Aufl. 1984

Kraus O. — Naturmagazin draußen
Heft 26/1983 Seite 76 – Spinnen
HB Verlags- und Vertriebs-Ges.mbH Hamburg 36

Liebl W.A. — Prospekt: Gartenkugeln – Rosenkugeln – Traumkugeln

Meile Ch. — ...ich habe die Lust zu reisen gegen einen Rosenstrauch eingetauscht
Stadler Verlag Konstanz 1987

Mercatante A.S. — Der magische Garten
Deutsche Ausgabe 1980
Edition SV international Schweizer Verlagshaus Zürich

Noack H. — Wild- und Parkrosen
Neumann – Neudamm Melsungen 1989

Novak/Severa — Der Kosmos-Schmetterlingsführer
Kosmos Gesellschaft der Naturfreunde Franckh'sche Verlagshandlung Stuttgart, 2. Auflage 1983

Pätzold R. — Das Rotkehlchen
Die neue Brehm-Bücherei
A. Ziemsen Verlag 1979 Wittenberg Lutherstadt

Reade/Hosking — Vögel in der Brutzeit
Verlag Eugen Ulmer Stuttgart 1974

Scheidler W. — Naturpark Augsburg Westliche Wälder
BRV Brigitte Settele Verlag Augsburg 21 1988

Warnke Fr. — Pflanzen in Sitte, Sage und Geschichte
Leipzig 1878

Wilke H. — Der Naturteich im Garten: Anlage und Pflege, Tiere und Pflanzen
Verlag Gräfe und Unzer München 3. Aufl. 1984

Zander R. — Handwörterbuch der Pflanzennamen
Verlag Eugen Ulmer Stuttgart 1955